vlm
VERLAG DER
LIEBENZELLER
MISSION

Heinzpeter Hempelmann

Ehe, Ehescheidung und Wiederheirat

Eine biblisch-exegetische und praktisch-seelsorgerliche Orientierung

vlm
Verlag der Liebenzeller Mission

Bibliografische Information der Deutschen Bibliothek
Die Deutsche Bibliothek verzeichnet diese Publikation in der Deutschen Nationalbibliografie; detaillierte bibliografische Daten sind im Internet über http://dnb.ddb.de abrufbar.

VLM-Theologische Zeitfragen
Bestell-Nr. 549 166
ISBN 3-921113-66-0
Internet: www.liebenzell.org
E-Mail: vlm@liebenzell.org

Umschlaggestaltung: Grafisches Atelier Arnold, Dettingen
Herstellung: St.-Johannis-Druckerei, Lahr

Inhalt

Vorwort

Im Jahr 2001 registrierte das Statistische Bundesamt 197 000 geschiedene Ehen, immerhin 60 000 mehr als zehn Jahre vorher. Wenn man bedenkt, dass dabei die unzähligen eheähnlichen Verhältnisse, die jedes Jahr in die Brüche gehen, nicht erfasst sind, wird man sich der Dramatik der Situation in unserer Gesellschaft bewusst.

Es bröckelt an allen Ecken. Auch in christlichen Kreisen sind gescheiterte Ehen und unverheiratetes Zusammenleben zu beobachten. Wer die damit zusammenhängenden Nöte und Ängste bei den betroffenen Partien und besonders den Kindern aus nächster Nähe miterlebt, weiß, dass wir dringend einen Weg aus diesem Dilemma finden müssen.

Gerade christliche Gemeinden sollten sich wieder neu an dem orientieren, was Gott uns in seinem Wort vorgegeben hat. In der Bibel finden wir gute Anweisungen für ein gelingendes Leben.

Welchen Weg weist uns Gott im Hinblick auf Sexualität und Ehe? Was ist uns echte Hilfe im Dschungel der Ansichten und Meinungen?

Dr. Heinzpeter Hempelmann hat in Zusammenarbeit mit den verschiedenen Gremien der Liebenzeller Mission und der Gemeinschaftsverbände ein wichtiges Dokument im Hinblick auf Fragen nach Ehe, Ehescheidung und Wiederheirat verfasst. In dem vorliegenden Buch wird nicht moralisiert, sondern es werden biblische Richtlinien in praktisch-seelsorgerlicher Weise vermittelt.

Wir danken Dr. Hempelmann für die enorme Mühe, die er in diese Ausarbeitung investiert hat, und hoffen, dass das Geschriebene vielen eine Hilfe in diesem Lebensbereich ist.

Detlef Krause
Direktor der Liebenzeller Mission

Vorwort

Vorbemerkung: Geschichte und Zielsetzung dieses Buches

So groß das Geschenk ist, das der lebendige Gott uns mit der Ehe gemacht hat, so groß scheint heute an vielen Orten auch die Ehenot zu sein. Nach einer Untersuchung des FOCUS[1] werden heute in Westdeutschland 40 Prozent aller Ehen geschieden. Und wie viele riskieren es gar nicht erst, eine solche Beziehung aufzunehmen – aus Angst, doch zu scheitern?

> Die Ehenot in Deutschland

Die Ehenot ist vor den Toren der Gemeinden und Gemeinschaften nicht stehen geblieben. Allzu lange haben Verantwortliche darauf gehofft oder auch die Augen vor den Herausforderungen verschlossen. Sehr lange ist eine ausdrückliche Beschäftigung, die Ehe, Partnerschaft und Sexualität zum Schwerpunktthema macht, ausgeblieben, weil die biblische Sicht dieser Beziehungsfragen selbstverständlich und selbstverständlich gültig zu sein schien. Dem ist nicht mehr so.

> Die Ehenot macht auch vor evangelikalen Gemeinden nicht Halt

Die vorliegende Abhandlung verfolgt vor diesem Hintergrund einen mehrfachen Zweck:

> Wie ist dieses Buch gegliedert?

1. Es will Orientierung bieten. Im Teil A (also den Abschnitten I bis V) werden die biblischen Aussagen zum Thema zusammengestellt und untersucht; Teil B, also die Abschnitte V bis VII, beschäftigen sich mit Fragen der ethischen Urteilsbildung; der Teil C, also die Abschnitte VIII bis X, wendet sich speziellen praktischen und seelsorgerlichen Herausforderungen zu.
2. Diese Orientierung richtet sich nicht in erster Linie an Fachtheologen, sondern an die Gemeinden. Ihnen soll eine Handreichung ge-

> Ein Buch für Laien, weniger für Theologen

[1] Scheidungs-Risiko-Elemente, Focus 10 (2003).

geben werden, die sowohl theologisch abgesichert ist, als auch vor der Behandlung heikler Fragen nicht zurückschreckt.

Dementsprechend beansprucht diese Darstellung keine umfassende Auseinandersetzung mit der wissenschaftlichen Literatur. Wo diese zitiert und ggf. diskutiert wird, geht es umgekehrt nicht um eine Demonstration von Gelehrsamkeit. Für den Fachtheologen soll vielmehr an ausgewählten Stellen deutlich werden, warum wir im Hinblick auf bestimmte Spezialfragen und in der Literatur diskutierte Weichenstellungen eine bestimmte Position bezogen haben. Dass die Darstellung – vor allem im Anmerkungsteil – länger geworden ist, als ursprünglich beabsichtigt, ist darin begründet, dass es eine ganz Reihe von Detailfragen gab, die nicht unbeantwortet bleiben sollten. Die entsprechenden speziellen Erörterungen können gegebenenfalls rasch überlesen werden.

Wozu sind all die Anmerkungen gut?

Der eilige und routiniertere Leser möge sich bitte auch an den mancherlei Redundanzen[2] nicht stoßen, die den Text mit Absicht durchziehen.

3. Diese Ausarbeitung zielt auf Konsens ab. So notwendig er ist –, verordnen kann man ihn nicht. Er ergibt sich nur im gemeinsamen Hören auf die Heilige Schrift und in der sensiblen Wahrnehmung der konkreten Herausforderungen. Das vorliegende Positionspapier ist von allen wichtigen Gremien des Liebenzeller Werkes beraten und verabschiedet worden. Die Mitglieder der Lehrerkonferenz, der Missionsleitung und – stellvertretend für die Mitgliederversammlung – das Komitee der Liebenzeller Mission haben Korrekturen und

Wie dieses Buch entstanden ist

[2] Redundanz: Wiederholungen, die der Verständlichkeit und Behältlichkeit dienen.

Ergänzungen formuliert. Auch die Komitees und Vorstände der mit der Liebenzeller Mission in besonderer Weise zusammenarbeitenden Verbände (Liebenzeller Gemeinschaftsverband; Süddeutscher Gemeinschaftsverband und Starkenburger Gemeinschaftsverband) waren einbezogen. Allen, die sich in den langen Beratungsprozess mit ihren Erfahrungen und Positionen, mit Beobachtungen und Argumenten engagiert und oft sehr persönlich eingebracht haben, möchte ich an dieser Stelle mit Nachdruck danken. So entsteht bibel-, gemeinde- und wirklichkeitsbezogene Theologie.

Theologie für die Gemeinde

Auch dieses Papier[3] hat einen langen Werdeprozess hinter sich. Vollkommen ist es deshalb dennoch nicht. Es kann aber ein solider Ausgangspunkt für die dringend notwendige Verständigung in unseren Gemeinden und Mitarbeiterkreisen sein. Anregungen, Diskussionen und auch Korrekturwünsche sind willkommen –, da, wo sie das gemeinsame Hören auf Gottes Willen und seine Verheißungen fördern.

4. Ziel ist ein gleichermaßen klarer wie sensibler Umgang mit dem Thema Ehe. So deutlich neu herauskommen muss, was Gottes Wille für Mann und Frau ist, so sehr gilt es, auf alle moralisierenden und verletzenden Töne zu verzichten und miteinander darüber nachzu-

Wie wir das Thema Ehe behandeln wollen:
- Biblisch klar
- Seelsorgerlich sensibel

[3] Vgl. schon die Veröffentlichungen, die ebenfalls offizielle Papiere der Liebenzeller Mission sind: Gottes Ordnungen zum Leben. Zur Stellung der Frau in der Gemeinde, Bad Liebenzell/Lahr 1997; Soll „Gnadau" in der Kirche bleiben? Gemeinschaftsbewegung und Evangelische Kirche – Was ist unser Auftrag?, Lahr 1998; Mit Vollmacht Christ sein. Glaube, Geistesgaben und Geistempfang, Lahr 1999; Nicht auf der Schrift, sondern unter ihr. Grundsätze und Grundzüge einer Hermeneutik der Demut, Lahr 2000; Liebt Gott Schwule und Lesben? Zur Diskussion über Bibel und Homosexualität, Wuppertal/Bad Liebenzell, 2001; Gemeinsame Liebe. Wie Evangelikale die Autorität der Bibel bestimmen, Bad Liebenzell, 2001.

denken, wie Gottes guter Schöpferwille in einer gefallenen Welt und einer Gemeinschaft von Sündern umgesetzt werden kann.

5. Zweck ist nicht in erster Linie die Beschäftigung mit einschlägigen Problemfällen, ethischen Extremfällen, bedrängenden Ausnahmefällen – auch wenn diese der Regelung bedürfen. Ziel dieser Darstellung ist es, einen Beitrag zu einer umfassenden Orientierungsbewegung zu leisten, die mit Nachdruck und – wie es heute so schön heißt: – nachhaltig in unseren Gemeinden und Gemeinschaften Platz greifen muss. Nicht in erster Linie das Problem, sondern die Verheißung Ehe muss, nein: darf in Predigten und Bibelwochen, Mitarbeiterkreisen und Rüsten, Jugendstunden und Teenie-Treffs auf die Tagesordnung!

> Was im Mittelpunkt steht:
> - Nicht Ehe als Problem,
> - sondern: Ehe als Verheißung

6. Damit ist schon klar, was doch noch einmal ausdrücklich gesagt sein soll: Wir fixieren uns mit diesem Papier nicht auf das Problem schlechthin; wir fokussieren[4] mit Ehebruch und fehlgeleiteter Sexualität nicht die Sünde schlechthin. Um nichts geht es weniger als um eine Diskriminierung derer, die hier ohnehin vielfach in großen Nöten leben. Mit Hinweis auf 1. Korinther 6,9–10 müssen wir im Gegenteil einer Fixierung auf den Bereich der Sexualität wehren und darauf aufmerksam machen, dass andere Verfehlungen und Verhaltensweisen im Alten und Neuen Testament (vgl. die alle Bereiche des Lebens mit einbeziehenden Weisungen des Dekalogs[5]) ebenso kritisch betrachtet werden –, darunter

> Sexualität und Geschlechtlichkeit – nicht das *Problem* schlechthin

---

[4] Fokus, lat.: das Brennglas. Fokussieren = seinen Blick auf etwas konzentrieren.

[5] Dekalog: von griech. deka und logos/logoi: 10 Gebote (Zehn-Wort). Fachbegriff für die 10 Gebote, die Gott am Gottesberg Sinai dem Volk Israel gegeben hat (vgl. 2. Mose 20,1ff. und 5. Mose 5,1ff.).

etwa unser Umgang mit dem, was uns materiell anvertraut ist.

7. Mit allem Nachdruck sei's gesagt: So sorgfältig diese Position erarbeitet ist, so wenig wird das vorliegende Buch allein das gewünschte Umdenken in Sachen Ehe und die erhoffte Einstellungs- und Verhaltensänderung bringen.

   Dieses Buch allein hilft wenig!

   Es ist notwendig, dass das Thema Ehe mit allen seinen Facetten (Mann- und Frau-Sein, Geschlechtlichkeit, verbindliche Beziehungen etc.) zum Lebensthema in unseren Gemeinden und Gemeinschaften wird. Bibelwochen, Gemeinde- und Jugendabende, Predigtreihen, Seminare, Seelsorgeinitiativen und vieles andere mehr, was uns hoffentlich noch einfällt, gehört dazu.

   Ehe muss zum Lebensthema werden!

   Dieses Buch ersetzt nicht die Transformation der Anliegen in die Gemeinde vor Ort, das Hinüber- und Hineintragen der Themen an die Basis. Es ist nur Grundlage für eine Schulung, die es nicht ersetzen kann. Hier sind alle gefordert, denen wie uns die Ehe am Herzen liegt.

   Notwendig: Hin-Übersetzung an die Basis

   Wir hoffen, in absehbarer Zeit eine kurz gefasste Handreichung nachliefern zu können, ebenso eine CD, die das Thema schon als Medium für die nachfolgenden Generationen leichter erschließt. Sie soll dann nicht nur den Text dieses Buches und der Handreichung, sondern auch ausgewählte und konkrete Literaturhinweise enthalten. Wichtiger als alle Papiere und andere Medien zum Thema Ehe, als alle Überlegungen und Bemühungen am grünen Tisch sind gelingende Ehen selbst, in denen Liebe, Treue und gegenseitige Bereicherung sichtbar werden. Wo sind Ehen, die Lust machen, selber eine Ehe einzugehen? Vorbilder sind gefragt. Die Anschauung ei-

   Vorbilder gesucht!

nes Vorbildes bedeutet mehr als die Lektüre vieler Bücher.

Gott will, dass wir leben!

Verfasser wie alle, die an diesem Papier mitgearbeitet haben, wünschen sich nun vor allem eines: dass sich neu zeigt: Der lebendige Gott der Bibel will, dass wir leben. Ein Leben nach seinen Weisungen steht unter der Verheißung gelingenden Lebens. Es darf auf Seine Hilfe bauen und diese erfahren.

Teil A
Biblisch-exegetische Grundlegung

I. Orientierung gewinnen durch die Bibel

a) Die Verbindlichkeit der Bibel

Warum besitzt die Bibel für uns Verbindlichkeit?

1. Die Bibel ist für uns Norm, weil allein sie Gottes Willen, das heißt seine Verheißungen für unser Leben, dokumentiert und weil der lebendige Gott bis heute durch sie zu uns sprechen will und spricht.

Wenn man sich im Leben zurechtfinden will und einen Weg in ethischen Fragen sucht, dann kann man sich auf vielerlei Weise orientieren, oder man kann auch auf jede Orientierung verzichten; man kann sogar das Interesse haben, festzustellen, dass es in diesen wie in anderen wichtigen Fragen des Lebens gar keine Orientierung und keine Norm, keine Wahrheit gebe, die für alle gilt.

Unsere Ausrichtung:
- biblisch
- reformatorisch

Als Christen, die sich biblisch – reformatorisch – erwecklich verstehen, ist für uns die Bibel die Norm, die alle Bereiche unseres Lebens: unseres Denkens, Wollens und Handelns bestimmen soll.

Das versteht sich nicht von selbst, und darüber gilt es sich von vornherein zu verständigen. Denn die Frage nach dem Wesen der Ehe, nach der Möglichkeit und Notwendigkeit von Ehescheidung und Wiederheirat berührt eine sehr vitale und persönliche Dimension fast jedes Menschenlebens. Niemand lässt sich hier gerne „hereinreden".

Gott hat sich uns geoffenbart – das ist die Basis!

Auf der anderen Seite braucht jede Gemeinschaft von Menschen gerade in so zentralen Fragen des Zusammenlebens eine für alle geltende verbindliche Übereinkunft. Die Gemeinde Jesu weiß sich an die Verheißungen des lebendigen Gottes gebunden, der sich ihr offenbart hat. Diese Offenbarung, die uns über die Heilige Schrift zugänglich ist, ist dann auch die Basis für eine gemeinsame Orientierung.

Wir nehmen die Herausforderungen ernst, die sich gerade heute für ein Leben gemäß dem Willen Gottes und unter seinen Verheißungen ergeben. Wir nehmen es ernst, dass es viele Ehe-Nöte in traditionell gelebten Ehen gibt; dass es viele Anfragen an die christliche Verkündigung von Ehe gibt; dass es viele alternative Ehe-Vorstellungen gibt, vom Modell einer „offenen Ehe", über Ehe als bloßes Lebensabschnittskonzept mit wechselnden Lebensgefährten, bis hin zu – freilich bloß und fälschlich so genannter – „Ehe" als Gemeinschaft von gleichgeschlechtlichen Partnern.

Die traditionelle Ehe
- in der Krise
- wenig überzeugend

Alternative Lebensformen als Herausforderung:
- „offene Ehe"
- Ehe ohne Trauschein
- Ehe als Lebensabschnittskonzept
- Homo-„Ehe"

Aber all diese Wahrnehmungen werden für uns nicht zur Norm. Normieren, binden soll uns nur der in der Heiligen Schrift geoffenbarte Wille Gottes, der eine Verheißung für alle darstellt, die sich ihm unterstellen. Gott will, dass wir leben und es ist gut, so zu leben, wie er es will (vgl. 5Mo 4,1). Der Wille des Gottes, der unser Leben will, meint damit ein Doppeltes, das freilich aufs Engste zusammengehört: es ist sein Wille, (1) dass wir seine Rettung in Jesus Christus annehmen (vgl. 1Tim 2,4), und (2) dass wir seine Lebensanweisungen in dankbarer Liebe und zu unserem Besten verwirklichen.

Was andere tun, ist deshalb nicht richtig

2. Gerade als Wider-Wort ist die Bibel helfendes und heilendes Gottes-Wort.

Als Menschen, die unter der Macht der Sünde leben (Röm 6) oder auch als Christen, die durch Sünde angefochten sind (Röm 7), haben wir das Wort Gottes nötig: nicht als eine uns bestätigende, auf unseren falschen Wegen beruhigende, sondern als eine zurechtbringende, uns korrigierende, uns widersprechende Instanz. Um auf das Wider-Wort Gottes zu

Die Bibel ist Gottes Wort,
- nicht weil sie uns bestätigt,
- sondern weil sie uns korrigiert

hören, bedarf es der Haltung der Demut, die wir nicht machen, sondern nur erbitten können.[6]

Wir müssen uns immer wieder neu an Gottes Wort ausrichten!

Da wir uns immer wieder falsch verhalten, schief orientieren, durch unlautere Motive bestimmt sind, auch immer neu verunsichert werden, ist es auf Dauer notwendig, uns an Gottes Verheißungen zu orientieren. Diese befreien uns, erwarten von uns aber auch die Bereitschaft, uns verändern zu lassen, umzudenken und umzukehren (vgl. Röm 12,1ff.).

Sind wir bereit
- zum Umdenken,
- zu neuer Ausrichtung unseres Lebens,
- zu Neuaufbruch?

Die Bereitschaft zu solchem Hören und entsprechender Korrektur, zum Neuaufbruch zu neuem Leben ist aber nicht selbstverständlich. Das alte Denken, das wir gewohnt sind, will uns weiter bestimmen. Die Verhältnisse, in denen wir uns eingerichtet haben, besitzen ihr Eigengewicht. Veränderungen müssen mit einem zusätzlichen Aufwand an Energie durchgesetzt werden, und oft scheint es viel einfacher und auch verheißungsvoller zu sein, die Dinge so zu lassen, wie sie sind.

Die vielleicht nur empfundene und gar nicht artikulierte Sorge vor der Veränderung wirkt nun aber zurück auf unsere Hör- und Lernbereitschaft.

Strategien – damit wir nichts ändern müssen

Sie lässt die Frage entstehen: Welche Strategien gibt es, die mir eine Änderung ersparen? Welche Strategien machen es für mich leichter? Sie lässt auch fragen: Welche Strategien gibt es womöglich, (scheinbar) zu hören, „bibeltreu" und schriftgebunden zu sein und trotzdem nichts ändern zu müssen? Je vitaler, persönlicher und aktueller eine Frage ist, für die wir von der Bibel eine Antwort suchen, umso akuter ist die Gefährdung, nicht wirklich hören und gehorchen zu wollen.

Schon das ist Gnade,
- dass wir bereit sind, auf Gottes Wort zu hören,
- dass wir die Bibel ernst nehmen

Theologische Arbeit, die Verbindlichkeit aus dem Hören auf das Reden Gottes durch die Heilige Schrift gewinnen will, ist darum auf die Gnade Gottes angewiesen, der uns die Bereitschaft zum Hören – gegen die uns bestimmenden Motive und Inte-

[6] Vgl. H. Hempelmann: Nicht auf der Schrift, sondern unter ihr. Grundzüge und Grundsätze einer Hermeneutik der Demut, Lahr/Bad Liebenzell 2000.

ressen – immer neu schenken muss. Um diese Gnade können wir nur bitten. Theologische Arbeit bedarf darum zuerst und vor allem des Gebets.

Theologische Arbeit bedarf vor allem des Gebetes!

3. Damit Gott durch die Bibel zu uns reden kann und damit die Bibel uns als verbindliches Wort Gottes binden und mir so zur Verheißung für mein Leben werden kann, müssen wir bereit sein, (a) uns unter die Verheißungen Gottes zu stellen und d. h. ihre Verbindlichkeit zu wollen, (b) umgekehrt auf alle Strategien zu verzichten, die eine solche Verbindlichkeit und Normativität der Bibel beeinträchtigen oder gar aushebeln können.

Was ich von der Wahrheit erkennen kann, das hängt entscheidend davon ab, was ich erkennen will; was ich als Erkenntnis zulasse; was an Erkenntnis der Wahrheit (und entsprechender Konsequenzen) ich zu ertragen bereit bin. Erkenntnisakt und Willensakt bilden so eine Einheit. Es ist möglich, die Erkenntnis Gottes und seines Willens durch den eigenen Willen niederzuhalten (vgl. Röm 1,18). Das bloße Lippenbekenntnis zur Gültigkeit der Bibel reicht nicht. Wer wollte nicht beanspruchen, bibeltreu, evangelisch, schriftgebunden zu sein und zu leben? Entscheidend ist die Bereitschaft, sich durch die Bibel und durch das Wort Gottes, das uns durch sie hindurch anspricht und orientieren wie freimachen will, binden zu lassen.

Erkenntnisakt und Willensakt bilden eine Einheit: *Wollen wir erkennen?*

Wollen wir uns durch Gottes Wort frei machen und binden lassen?

Diese von uns nicht garantierbare, sondern nur zu erbittende Bereitschaft zur Verbindlichkeit zeigt sich darin, dass wir auf alle Strategien verzichten, mit denen wir uns die Bibel „vom Hals halten" können; dafür sorgen können, dass sie uns „nicht zu dicht auf den Pelz rückt"; dass ihr Wort nicht (zu) verbindlich für uns wird und uns zu Veränderung wie engagierter Stellungnahme zwingt.

Wie die Bibel entmächtigt wird:

- *„Die Bibel ist nicht eindeutig."*
- *„Es gibt so viele, unterschiedliche Auslegungen."*
- *„Andere Christen leben doch ganz anders."*

Solche Strategien können hinter Aussagen stehen, die ganz vernünftig klingen und auch nicht rundweg zu bestreiten sind, etwa:

1. „Die verschiedenen Aussagen in der Bibel zu Ehe, Ehescheidung und Wiederheirat sind nicht eindeutig, nicht klar."
2. „Diese bestimmte Auslegung ist zwar in sich schlüssig. Aber gibt es nicht so viele Positionen und ganz unterschiedliche Auslegungen?"
3. „Andere Menschen/Christen denken und leben aber ganz anders." Mit anderen Worten: Wollen wir die denn verurteilen? Wäre das nicht unchristlich? Muss man die Bibel dann umgekehrt so genau nehmen?

Viele Argumente – ein Ziel: *„Die Bibel kann mich nicht binden."*

Das anvisierte Argumentationsziel aller Aussagen ist: „... Also kann ich aus der Bibel doch keine verbindliche, mich bindende Aussage gewinnen."

Wie antworten wir?

Völlig eindeutig: Der *rote Faden* in den biblischen Aussagen zum Thema Ehe

Zu (1): Richtig ist: Die Bibel ist kein logisch aufgebautes naturwissenschaftliches oder ethisches Lehrbuch. Die Aussagen der Bibel zu einem bestimmten Thema verdanken sich den unterschiedlichsten Zusammenhängen und begegnen uns auch in ganz unterschiedlicher Gestalt. Dennoch ist die Frage, ob sich nicht ein eindeutiger roter Faden erkennen lässt; ob die zu klärenden Unterschiede nicht bloße Details betreffen und sich nicht aus verschiedenen Redeweisen (lobend; anbetend; lehrend; poetisch Geschichte schreibend) und heilsgeschichtlichen Standorten ergeben und ob die Mitte des biblischen Aussagewillens nicht eindeutig erkennbar ist. Am Beispiel Ehe, Ehescheidung formuliert: Natürlich gibt es in der Bibel die Nebenspur der Vielehe neben der Hauptspur Einehe. Aber kann von 1. Mose 2,24; Matthäus 5;19 und Epheser 5 (das Verhältnis des Christus zu seiner Gemeinde als Vorbild für das Verhältnis von Mann und Frau) her fraglich sein, was Gottes eigentlicher Wille ist?

Natürlich gilt es, sauber und präzise wahrzunehmen und d. h. auch, die einzelnen Aussagen in ihrer unterschiedlichen Gestalt und in ihrem unterschiedlichen Inhalt ernst zu nehmen und d. h., Unterschiede „nicht zu verkleistern".

Aber notwendig ist doch die richtige Gewichtung:

- Was erscheint im Großen und Ganzen als das wesentliche Anliegen und die zentrale Aussage, und was sind untergeordnete Fragen? Und ist nicht das offenkundig Wichtige und eindeutig Zentrale das, was uns bindet?

> Die zentrale Aussage bindet und verbindet

Notwendig ist die Rückfrage:

- *Will* ich als Ausleger Verbindlichkeit, oder *will* ich diese gerade vermeiden und bin dankbar für alle Argumente, die mir helfen, diese zu umgehen?
- *Will* ich als Ausleger der Bibel ein schlüssiges und evidentes Gesamtbild der biblischen Aussagen zum Thema, und *bin ich bereit*, dieses dann auch als normativ[7] zu vertreten – da, wo Gott mich hingestellt hat und mir Verantwortung übertragen hat? Oder scheue ich diese Verbindlichkeit, weil sie mir eine Last aufbürdet, und bin ich vielleicht aus diesem Grund gar nicht daran interessiert, eine solche verbindliche Schau zu gewinnen?

> Scheue ich Verbindlichkeit, und habe ich aus diesem Grund gar kein Interesse an einer klaren Bibelauslegung?

Die Heilige Schrift als solche ist in allen wesentlichen Aussagen klar. Genauso, wie die Schöpfung, ja die gesamte Welt ein einziger Hinweis auf ihren Urheber und Schöpfer ist (Röm 1,19ff.), – ein Hinweis, dessen Stringenz[8] und Evidenz[9] ich aber un-

> Die Heilige Schrift ist in allen wesentlichen Aussagen klar

[7] Normativ: als Norm maßgebend.
[8] Stringenz: logische Folgerichtigkeit.
[9] Evidenz: augenfällige, ins Auge springende Wahrheit, Klarheit eines Sachverhaltes.

terdrücken und in ihrem Wert nahezu beliebig reduzieren kann.

Zu (2): Es ist richtig: Es gibt eine ganze Reihe von Fragen und auch eine Anzahl von biblischen Aussagezusammenhängen, über die sich auch die biblisch-(reformatorisch-) erwecklich ausgerichtete Gemeinde in der Geschichte der Auslegung der Heiligen Schrift nicht hat verständigen und einen dauerhaften Konsens erreichen können. Das bedeutet aber nicht, dass diese Fragen unwichtig oder auch nur weniger wichtig wären als die, über die ein Konsens besteht. Es bedeutet genauso wenig, dass die Bibel in diesen Fragen besonders unklar oder weniger klar wäre als in anderen. Die umstrittenen Fragen können – wie z. B. die Frage der Wiederheirat – vielmehr auch deshalb besonders umkämpft sein, weil es hier besonders schwer fällt, der Weisung der Bibel zu folgen und sich den Verheißungen Gottes zu unterstellen.

> Umstrittene Aussagen sind oft besonders umkämpft, weil es hier besonders schwer fällt, dem Willen Gottes zu folgen

Wäre der quantitative Grad der Zustimmung ein Gradmesser für die Klarheit der Heiligen Schrift oder für die Bedeutung einer Aussage, dann müsste gerade der die ganze Geschichte der Kirche bestimmende Kampf um die Bedeutung des Kreuzes und die Sühnewirkung des Todes Jesu bedeuten,

> Das Ausmaß der Zustimmung entscheidet nicht über Wahrheit und Bedeutung einer Aussage der Bibel

- dass die Bibel nicht klar über die Bedeutung des Kreuzes rede und
- dass der Verkündigung des Todes Jesu als Tod für uns eine eher untergeordnete Bedeutung zukommt.

Wir fragen zurück:

Ist der Dissens[10] nicht umso schmerzlicher, je wichtiger die Frage ist, um die es geht?

> Je wichtiger eine Aussage ist, umso umstrittener wird sie sein

- Müssen wir nicht alles tun, was wir können, um einen Dissens in wesentlichen und vitalen

[10] Dissens: mangelnde, nicht vorhandene Übereinstimmung

Fragen christlichen Glaubens und christlicher Lehre zu beseitigen?

- Müssen wir nicht wiederum fragen, ob wir uns auf einem Dissens der Kirche und Gemeinde Jesu etwa über Details der Eheethik ausruhen und von der Lehrbildung zurückziehen dürfen; ob wir nicht umgekehrt gefordert sind zu klären, wo und wie die biblischen Aussagen *für mich* zu einer ganz konkreten Verbindlichkeit führen? Folge DU mir nach!

Nicht auf dem Dissens anderer ausruhen!

Dass es so viele Ausleger mit so vielen Meinungen gibt, bedeutet nicht, dass ich mich und wir uns von der Frage befreien und losmachen könnten und dürften, wie denn *wir* in der Verantwortung vor Gott und den Menschen, die uns anvertraut sind, auf der Basis der Heiligen Schrift votieren.

Dissens in der Gemeinde Jesu bedeutet nicht: Alles ist erlaubt. Alles geht.

Dissens bedeutet zunächst einmal nichts anderes als: Die eigene Urteilsbildung ist gefragt. wir sind gefordert, die bestehenden Unterschiede nicht einfach heilig zu sprechen, sondern uns um Einigung zu bemühen.

Ich bin gefragt!

Dissens bedeutet auch: Die Rückfrage ist erlaubt, was denn die einen und die anderen dazu bewegt, „motiviert“, die eine oder eine andere Position zu beziehen und die eine oder eine andere Meinung zu vertreten.

Mit anderen Worten: Wir müssen uns bei jedem Thema der Wahrheitsfrage stellen und so verbindlich und präzise wie möglich zu erkennen suchen. Dazu gehört dann freilich auch das Eingeständnis von Unsicherheiten und die Einschätzung von mehr oder weniger großen Wahrscheinlichkeiten.

Die Wahrheitsfrage stellen – sich der Wahrheitsfrage stellen

Wahrhaftig sein: Unsicherheiten und Fragen einräumen und zugeben

Zu (3): Es ist in der Tat so, dass sich viele Christen und Kirchen anders orientieren. Aber ist das ein Argument? Ist das ein Argument dafür, keine Verbindlichkeit zu suchen? Ist das ein Argument gegen eine bestimmte, biblisch rückgebundene und begründete Position?

Positionen führen immer in Auseinandersetzungen hinein

Ein Streitfall ist selten unwichtig – würde man sonst um ihn streiten?

Richtig ist, dass uns Positionen da, wo wir sie erringen und beziehen, in Auseinandersetzungen hineinführen. Wir müssen uns dann fragen,

- ob wir diese Auseinandersetzungen wollen, oder besser:
- ob wir es uns leisten können, sie nicht zu wollen, wenn denn allein ein Leben nach Gottes Weisungen unter seinen Verheißungen steht.

4. Verbindlichkeit ist oft unbequem, immer umstritten, genießt aber in einer Multioptionsgesellschaft[11] *des „anything goes!"*[12] *nach wie vor Respekt, ja Achtung und Interesse.*

Das Problem sind nicht die biblischen Positionen, sondern unsere Scheu, sie zu leben und für sie einzutreten

Recht verstanden sind nicht die Positionen das Problem, zu denen wir uns genötigt sehen –, wenn wir denn genau hinschauen und offen sind für das, was uns Gott durch sein Wort zu sagen hat; nicht die Positionen und die mit ihnen gegebene Verbindlichkeit sind das Problem, sondern womöglich eine Scheu, wegen ihnen angegriffen zu werden und sich verteidigen zu müssen.

Glaube braucht Argumente

Deshalb müssen unsere Positionen gut begründet sein. Und deshalb müssen wir vor allem wissen, dass uns christlicher Glaube je länger je mehr in einer sich fortschreitend säkularisierenden Gesellschaft[13] in Kontroversen und Konflikte hineinbringt. Wer in unserer Gesellschaft nach dem Willen Gottes und

---

[11] Multioptionsgesellschaft: eine Gesellschaft, die dadurch gekennzeichnet ist, dass der Einzelne in ihr viele („multi") Wahlmöglichkeiten („Optionen") und Handlungsalternativen hat.

[12] Anything goes, engl.: alles ist erlaubt.

[13] Eine säkularisierende Gesellschaft entfernt sich von ihren religiösen Wurzeln und macht sich frei von ihren christlichen Prägungen.

unter seiner Verheißung zu leben sucht, der schafft damit unweigerlich eine Gegengesellschaft und baut eine deutliche Subkultur[14] auf. Was christlich und was richtig ist, versteht sich ja immer weniger von selbst, schon gar nicht, dass beides: das Christliche und das Richtige, identisch ist.

Gemeinde als christliche Subkultur und Gegengesellschaft

Der Säkularisierungsprozess ist notwendig mit einem hohen Anpassungsdruck verbunden. Gefragt ist in einer Gesellschaft, die sich immer mehr von den sie uniformierenden und normgebenden christlich-humanistischen Wurzeln entfernt, nicht ein polarisierendes[15] Profil. Gefragt ist eine Haltung, die vieles stehen lässt und die sich auch selber nicht zu profiliert[16] gibt. Gefragt ist eine Einstellung, die sich in einer konkreten, anschaubaren, profilierten Lebensgestalt äußert und über sich selbst hinausweist auf einen sie tragenden, verbindlichen Grund. Diese Einstellung wird in dem heutzutage nahezu schrankenlosen Multioptionsprozess immer mehr zum Bedürfnis und überraschend attraktiv. Wer heute eine christliche Ehe auf der Basis des biblischen Menschenbildes lebt und durchhält, der gilt vielleicht als rares Exemplar einer vom Aussterben bedrohten Art –, aber er erntet versteckt oder öffentlich auch Respekt.[17]

---

[14] Subkultur, von lat. sub = unter: die Kleinkultur, die Minikultur, aus der sich in der Summe unsere (Groß-) Kultur als Ganzes zusammensetzt.

[15] Polarisieren: auf zwei (oder mehr) Pole, Positionen verteilen und d. h. letztlich: entzweien.

[16] Profiliert: durch bestimmte Eigenschaften gekennzeichnet, die anderen nicht haben.

[17] Bemerkenswert sind die Aussagen, des bekennenden Nicht-Christen Reginald Rudorf: „Bemerkenswert: Unter den drogensüchtigen Jugendlichen kommen weit mehr als zwei Drittel aus geschiedenen Ehen. Der Ehebruch zerstört am Ende mit der Scheidung nicht zuletzt die kindliche Idylle der familiären Geborgenheit. (…) Die Kirche hat immer erkannt, dass alles zusammenbricht, der Glauben, die Moral, die Erziehung, das Gesetz – alles, wenn die Familie zerbricht. Und die Keimzelle der Familie ist die Ehe. Und deswegen ist es in den 10 Geboten glasklar formuliert: Du sollst nicht ehebrechen. Das homerische Gelächter, in das die Lustproduzenten ob dieses Gebots ausbrechen, zeigt nur an, wie sie dieses Gebot in die

b) Die wichtigsten biblischen Aussagen

Welches sind die wichtigsten biblischen Belege zum Thema „Ehe“, „Ehescheidung“ und „Wiederheirat“?

5. Das Zeugnis der Heiligen Schrift zum Themenkreis Ehe, Ehescheidung und Wiederheirat ist in sich klar, eindeutig und verständlich.

Es ist in der Bibel an sehr vielen Stellen von Ehe, Ehescheidung und auch von Wiederheirat die Rede. Schon die große Fülle der Aussagen spricht dafür, dass es sich bei diesem Themenkomplex für die Bibel nicht um ein nebensächliches Randthema handelt. Wir vergegenwärtigen uns kurz und summarisch die entscheidenden lehrmäßigen Aussagen nach dem Wortlaut der Revidierten Elberfelder Übersetzung.

Die Hauptbelege des Alten Testamentes:

Als Mann und Frau schuf Gott den Menschen

Und Gott sprach: Laßt uns Menschen machen in unserm Bild, uns ähnlich! … Und Gott schuf den Menschen nach seinem Bild, nach dem Bild Gottes schuf er ihn; als Mann und Frau schuf er sie (1Mo 1,26f.).

Ein Fleisch sein

Darum wird ein Mann seinen Vater und seine Mutter verlassen und seiner Frau anhangen, und sie werden zu *einem* Fleisch werden (1Mo 2,24).

Eine Hilfe, die ihm entspricht

Und Gott, der HERR, sprach: Es ist nicht gut, daß der Mensch allein sei; ich will ihm eine Hilfe machen, die ihm entspricht. Und Gott, der HERR, bildete aus dem Erdboden alle Tiere des Feldes, und alle Vögel des Himmels, und er brachte sie zu dem

---

Mitte ihres zerstörerischen Tuns trifft. … umgekehrt werden die Derwische der Libertinage wahnsinnig, wenn du z. B. deine Ehe nicht brichst. Gegen das Subversive in der Gesellschaftszerstörung half eines immer: Die Einhaltung der 10 Gebote – so die feste Ansicht eines Nichtgläubigen, Konfessionslosen.“ (idea spektrum 43 [2000], S. 3).

Menschen, um zu sehen, wie er sie nennen würde … Und der Mensch gab Namen allem Vieh und den Vögeln des Himmels und allen Tieren des Feldes. Aber für Adam fand er keine Hilfe, ihm entsprechend. Da ließ Gott, der HERR, einen tiefen Schlaf auf den Menschen fallen, so daß er einschlief. Und er nahm eine von seinen Rippen und verschloß ihre Stelle mit Fleisch; und Gott, der HERR, baute die Rippe, die er von dem Menschen genommen hatte, zu einer Frau, und er brachte sie zum Menschen. Da sagte der Mensch: Diese endlich ist Gebein von meinem Gebein und Fleisch von meinem Fleisch; diese soll Männin heißen, denn vom Mann ist sie genommen (1Mo 2,18–23).

Gott brachte die Frau zum Mann

Zu der Frau sprach er (= Gott): Ich werde sehr vermehren die Mühsal deiner Schwangerschaft, mit Schmerzen sollst du Kinder gebären! Nach deinem Mann wird dein Verlangen sein, und er wird über dich herrschen (1Mo 3,16).

Nach deinem Mann wird dein Verlangen sein

Du sollst nicht begehren die Frau deines Nächsten (2Mo 20,17).

Du sollst nicht begehren

Du sollst nicht ehebrechen (5Mo 5,18).

Wenn ein Mann ein Mädchen trifft, eine Jungfrau, die nicht verlobt ist, und ergreift sie und liegt bei ihr, und sie werden dabei angetroffen: dann soll der Mann, der bei ihr lag, dem Vater des Mädchens 50 Schekel Silber geben, und es soll seine Frau werden, weil er sie geschwächt hat; er kann sie nicht entlassen alle seine Tage (5Mo 2,28f.).

… er kann sie nicht entlassen

Wenn ein Mann eine Frau nimmt und sie heiratet und es geschieht, daß sie keine Gunst in seinen Augen findet, weil er etwas Anstößiges an ihr gefunden hat und er ihr einen Scheidebrief geschrieben, ihn in ihre Hand gegeben und sie aus seinem Haus entlassen hat, … (5Mo 24,1).

… etwas Anstößiges an ihr gefunden und ihr einen Scheidebrief geschrieben

… und mit ihr die Schwagerehe vollziehen

Wenn Brüder zusammenwohnen und einer von ihnen stirbt und hat keinen Sohn, dann soll die Frau des Verstorbenen nicht auswärts einem fremden Mann angehören. Ihr Schwager soll zu ihr eingehen und sie sich zur Frau nehmen und mit ihr die Schwagerehe vollziehen. Und es soll geschehen, den Erstgeborenen, den sie dann gebiert, soll den Namen seines verstorbenen Bruders weiterführen, damit dessen Name aus Israel nicht ausgelöscht wird (5Mo 25,5f.).

„Ich hasse Scheidung!“

Ihr sagt: Weswegen? Deswegen weil der HERR Zeuge gewesen ist zwischen dir und der Frau deiner Jugend, an der du treulos gehandelt hast, wo sie (doch) deine Gefährtin ist und die Frau deines Bundes. Und hat er sie nicht zu Einem gemacht? Zu einem Fleisch, in dem Geist ist. Und was erstrebt das Eine? Nachkommenschaft von Gott. So hütet euch bei eurem Leben! Und an der Frau deiner Jugend handle nicht treulos! Denn ich hasse Scheidung, spricht der HERR, der Gott Israels; ebenso wie wenn man sein Gewand mit Unrecht bedeckt, spricht der HERR der Heerscharen. So hütet euch bei eurem Leben und handelt nicht treulos! (Mal 2,14–16)!

Die Hauptbelege des Neuen Testamentes:

Ehebruch begehen im Herzen

Ihr habt gehört, daß gesagt ist: Du sollst nicht ehebrechen. Ich aber sage euch, daß jeder, der eine Frau ansieht, sie zu begehren, schon Ehebruch mit ihr begangen hat in seinem Herzen (Mt 5,27f.).

Ehebruch: seine Frau entlassen, außer aufgrund von Hurerei

Es ist aber weiter gesagt: wer seine Frau entlassen wird, gebe ihr einen Scheidebrief. Ich aber sage euch: Wer seine Frau entlassen wird, außer aufgrund von Hurerei, macht, daß sie Ehebruch begeht; und wer eine Entlassene heiratet, begeht Ehebruch (Mt 5,31f.).

Habt ihr nicht gelesen, daß der, welcher sie schuf, sie von Anfang an als Mann und Frau schuf (Mt 19,4)?

Habt ihr nicht gelesen?

Und die Pharisäer kamen zu ihm, versuchten ihn und sprachen: Ist es einem Mann erlaubt, aus jeder (beliebigen) Ursache seine Frau zu entlassen? Er (= Jesus) aber antwortete und sprach: Habt ihr nicht gelesen, daß der, welcher sie schuf, sie von Anfang an als Mann und Frau schuf und sprach: Darum wird ein Mensch Vater und Mutter verlassen und seiner Frau anhangen, und es werden die zwei *ein* Fleisch sein –, so daß sie nicht mehr zwei sind, sondern *ein* Fleisch (Mt 19,3–6a)?

Nicht mehr zwei, sondern ein Fleisch

Was nun Gott zusammengefügt hat, soll der Mensch nicht scheiden. Sie sagen zu ihm: Warum hat denn Mose geboten, einen Scheidebrief zu geben und zu entlassen? Er spricht zu ihnen: Mose hat wegen eurer Herzenshärtigkeit euch gestattet, eure Frauen zu entlassen; von Anfang an aber ist es nicht so gewesen. Ich sage euch aber, daß, wer immer seine Frau entlassen wird, außer wegen Hurerei, und eine andere heiraten wird, Ehebruch begeht; und wer eine Entlassene heiratet, begeht Ehebruch (Mt 19,6b–9).

Was Gott zusammengefügt hat …

Wer seine Frau entläßt und eine andere heiratet, begeht Ehebruch gegen sie. Und wenn sie ihren Mann entläßt und einen anderen heiratet, begeht sie Ehebruch (Mk 10,11f.).

Ehebruch: scheiden und eine(n) anderen heiraten

Jeder, der seine Frau entläßt und eine andere heiratet, begeht Ehebruch; und jeder, der die von einem Mann Entlassene heiratet, begeht Ehebruch (Lk 16,18).

Oder wißt ihr nicht, daß, wer der Hure anhängt, ein Leib (mit ihr) ist? Denn es werden, heißt es, die zwei ein Fleisch sein (1Kor 6,16f.).

Ein Fleisch, d. h. ein Leib sein

… an den Mann gebunden, so lange er lebt

Die verheiratete Frau ist durchs Gesetz an den Mann gebunden, so lange er lebt; wenn aber der Mann gestorben ist, so ist sie losgemacht von dem Gesetz (= der Bindung) des Mannes. So wird sie nun, während der Mann lebt, eine Ehebrecherin genannt, wenn sie eines anderen Mannes wird; wenn aber der Mann gestorben ist, ist sie frei vom Gesetz, so daß sie keine Ehebrecherin ist, wenn sie eines anderen Mannes wird (Röm 7,2–3).

Entzieht euch einander nicht!

Die Frau verfügt nicht über ihren eigenen Leib, sondern der Mann; ebenso aber verfügt auch der Mann nicht über seinen eigenen Leib, sondern die Frau. Entzieht euch einander nicht, es sei denn nach Übereinkunft eine Zeit lang, damit ihr euch dem Gebet widmet und dann wieder zusammen seid, damit der Satan euch nicht versuche, weil ihr euch nicht enthalten könnt (1Kor 7,4f.).

… sich nicht enthalten können

Wenn sie (= die Unverheirateten und Witwen) sich aber nicht enthalten können, so sollen sie heiraten (1Kor 7,8).

Unverheiratet bleiben oder sich versöhnen

Den Verheirateten gebiete nicht ich, sondern der Herr, daß eine Frau sich nicht vom Mann scheiden lassen soll – wenn sie aber doch geschieden ist, so bleibe sie unverheiratet oder versöhne sich mit dem Mann – und daß ein Mann seine Frau nicht entlasse (1Kor 7,10f.).

Frei, sich zu verheiraten, nur im Herrn muss es sein

Eine Frau ist gebunden, so lange ihr Mann lebt. Wenn aber der Mann entschlafen ist, so ist sie frei, sich zu verheiraten, an wen sie will, nur im Herrn (muß es geschehen) (1Kor 7,39).

Ich will aber, daß ihr wißt, daß der Christus das Haupt eines jeden Mannes ist, das Haupt der Frau aber der Mann, des Christus Haupt aber Gott (1Kor 11,3).

Ordnet euch einander unter in der Furcht Christi, die Frauen den eigenen Männern als dem Herrn. Denn der Mann ist das Haupt der Frau, wie auch der Christus das Haupt der Gemeinde ist, *er* als des Leibes Heiland. Wie nun die Gemeinde sich dem Christus unterordnet, so auch die Frauen den Männern in allem. – Ihr Männer, liebt eure Frauen, wie auch der Christus die Gemeinde geliebt und sich selbst für sie hingegeben hat, um sie zu heiligen, (sie) reinigend durch das Wasserbad im Wort, damit er die Gemeinde sich selbst verherrlicht darstellte, die nicht Flecken oder Runzel oder etwas dergleichen habe, sondern daß sie heilig und tadellos sei. So sind auch die Männer schuldig, ihre Frauen zu lieben wie ihre eigenen Leiber. Wer seine Frau liebt, liebt sich selbst. … Jeder von euch liebe seine Frau so wie sich selbst; die Frau aber, daß sie Ehrfurcht vor dem Mann habe (Eph 5,21–33).

Unterordnung unter das Haupt

Viele andere Stellen könnten hinzugefügt werden. Doch schon dieser kurze Überblick zeigt: Die Thematik des Zusammenlebens von Mann und Frau durchzieht die ganze Bibel und ist von zentraler Bedeutung für die Heilige Schrift.

c) Die Not-Wendigkeit der Orientierung an Gottes Willen und Verheißung

6. Das uns in den biblischen Aussagen begegnende Ehe-Bild stellt eine heilsame Provokation und eine not-wendige Zumutung dar.

Die zitierten biblischen Aussagen werden später noch in ihrem Zusammenhang, in ihrer präzisen Bedeutung und in ihrer Tragweite zu untersuchen sein. Schon jetzt ist aber klar, dass sie eine ungeheure Provokation bedeuten, ja dort zur Zumutung werden, wo man dieses Gegen-Bild von Ehe, das in ihnen aufscheint, auch nur ansatzweise als Perspek-

Die biblischen Aussagen – eine Provokation

tive ernst- oder gar wahr-nimmt. Es ist nahe liegend zu fragen:

Kann man diesen Willen Gottes heute allen Ernstes zumuten?

- Kann man diesen Willen Gottes jemandem heute noch allen Ernstes angesichts der selbst in religiös eng gebundenen Familien oft desaströsen[18] Verhältnisse zumuten? Ist die Not nicht (oft) zu groß, um die Bibel noch ernst zu nehmen? Ist die Not nicht schon zu groß, um den Willen Gottes noch durchsetzen zu wollen?

Wir fragen zurück:

Können wir es uns noch leisten, an der Weisung Gottes als Hilfe zum gelingenden Leben weiterhin vorbeizugehen?

- Ist die Not nicht gerade auch deshalb so groß, weil wir an dem Willen Gottes vorbeigegangen sind? Ist die Not nicht gerade deshalb so groß geworden, weil wir den Willen Gottes als Lebenspotential[19]: als Weisung zu einem gelingenden Leben eben nicht ernst genug genommen haben?
- Können wir es uns noch leisten, weiter an der Weisung Gottes als Hilfe zum Leben vorbeizugehen?
- Wie sollen wir denn anders aus unseren desaströsen Verhältnissen herauskommen – als durch ein erneutes Hören auf Gottes Wort?

Wie sollen wir denn herauskommen aus unserer Ehe-Not, wenn nicht durch ein erneutes Hören auf Gott und seine Verheißungen?

Vor diesem Hintergrund und im Wissen, wohin uns Selbst-Bestimmung geführt hat, fragen wir nach dem Zeugnis der Bibel, ja, hören wir noch einmal ganz besonders sorgfältig auf Gottes Wort –, freilich ohne unsere Nöte und Anfragen zu verstecken. Nicht weil die biblischen Perspektiven so besonders bequem und angenehm wären, sondern weil sie allein die Not wenden können, wollen wir uns ihnen zuwenden.

- Ist unsere Not vielleicht auch deshalb so groß, weil wir Gott selber ablehnen, wenn

---

[18] desaströs: katastrophal, chaotisch, lebensbedrohend.
[19] Lebenspotential: Möglichkeit, Leben zu entfalten und zu gewinnen.

wir sein Wort ablehnen; weil wir Gott selber zurückweisen, wenn wir uns weigern, seinem Willen zu gehorchen? Bricht beim Thema Ehe, Ehescheidung und Wiederheirat vielleicht auf, was unser tiefstes Übel ist: dass wir Gott – trotz aller gegenteiligen Beteuerungen – nicht Gott, nicht Herr sein lassen wollen in unserem Leben?

II. Theologische und anthropologische Begründung der Ehe

a) Begründung der Ehe im dreieinigen Gott

Ehe ist ein Geschenk Gottes

7. Die Ehe ist Geschenk des lebendigen Gottes an den als Mann und Frau geschaffenen und auch darin Gott abbildenden Menschen. Die Ehe ist trinitarisch begründet.

Der Mensch als Mann und Frau spiegelt Gott wider

(1) Der trinitarische Gott existiert zusammen als Vater, Sohn und Heiliger Geist. Er bildet sich in der Polarität des Menschen als Mann und Frau ab (vgl. 1Mo 1,26f.)[20].

(2) Nicht ohne Sach-Grund wird das Verhältnis von Mann und Frau, Braut und Bräutigam zum zentralen Bild des Verhältnisses von Gott zum Volk Israel. Dieses Volk ist erwählt, um exemplarisch mit ihm zusammen zu leben.

Nicht die Ehe ist das Vorbild für das Verhältnis zwischen Christus und seiner Gemeinde. Vielmehr folgt in Epheser 5,21–33 die Beschreibung des spezifisch christlichen Verhaltens und des entsprechenden Verhältnisses von Mann und Frau dem Vorbild des Verhältnisses des Christus zu seiner Gemeinde.

(3) Das Verhältnis von Mann und Frau ist gekennzeichnet durch die so genannte *kephale*-Struktur (von griech. *kephale* für „Haupt“/„Kopf“). Das

[20] Vgl. dazu die schönen Überlegungen von Karl Barth in: Kirchliche Dogmatik Dritter Band Die Lehre von der Schöpfung, Erster Teil, [III,1], Zürich 2. Aufl. 1947, S. 205ff. und S. 215ff., sowie KD III,4, Zürich 1951, S. 127ff. (§54,1)., die im Anschluss an 1. Mose 1,26 (man beachte den Plural: „Lasset uns [!] Menschen machen!“) beschreiben, wie Gott nicht bei sich bleiben will, den Menschen als seinen (Bundes-)Partner beruft und sich in ihm – gerade als Mann und Frau sein Gegenüber schafft.

Haupt-Sein des Mannes ist Fortsetzung der Struktur, die innertrinitarisch zwischen Vater und Sohn besteht: Christus ist das Haupt eines jeden Mannes; das Haupt der Frau aber ist der Mann; des Christus Haupt aber ist Gott (vgl. 1Kor 11, 3).

Das Verhältnis zwischen Gott Vater und Sohn setzt sich fort im Verhältnis zwischen Mann und Frau

b) Die Bedeutung der Ehe für das menschliche Zusammenleben

8. Ehe ist eine auf Dauer angelegte, alle Lebensbereiche umfassende Beziehung von einem Mann und einer Frau. Sie ist die zentrale gesellschaftliche Institution, die den Bestand und die Zukunft eines Gemeinwesens erst ermöglicht. Sie stand und steht in vielen Kulturen in Geschichte und Gegenwart unter einem besonderen rechtlichen Schutz.

Ohne Ehe keine Gesellschaft

(1) In vielen Kulturen gibt es einen Schutz der Ehe als auf Dauer angelegte, verbindliche Form des Zusammenlebens von Mann und Frau. Es gibt – abgesehen von der Ehegesetzgebung in einigen Nationen westlicher Zivilisation – kaum ein Volk, das Ehe als Keimzelle von Familie und Basis der größeren sozialen Verbände nicht schützen und den Einbruch in diese Beziehung nicht sanktionieren[21] würde. Damit ist der Überlebensbedeutung von Ehe Rechnung getragen und die Bedrohung realisiert, die von einer Aushöhlung dieser zentralen sozialen Institution ausgeht. Wo es keine geschützten, stabilen Orte gibt, in denen die aufwachsen, die den Fortbestand ihrer Art sichern sollen, da bringt sich eine Gesellschaft um die Grundlage ihres künftigen Lebens.

Die Ehe wird in nahezu allen Kulturen geschützt

(2) Neben der Einehe findet sich im Alten Testament[22] – wie in manchen anderen Kulturen – auch

[21] Sanktionieren: mit Strafen belegen.

[22] Wenn der zentrale Beleg 1. Mose 2,24 „im Unterschied zu den bestehenden Institutionen und z. T. sogar im Gegensatz zu ihnen auf die elementare Kraft der Liebe von Mann und Frau

das Institut der Mehrehe. Es ist in der Regel primär wirtschaftlich, im Sinne der Existenzsicherung, motiviert.[23] Die Christusoffenbarung und die durch sie deutlich werdende Bestimmung des Verhältnisses von Mann und Frau wie auch die Konflikte, die mit dieser Form des Zusammenlebens verbunden sind (vgl. nur Sarah – Hagar; Lea – Rahel), zeigen, dass die Einehe die eigentliche, bessere und von Gott gewollte Form des Zusammenlebens darstellt.

Einehe entspricht dem Willen Gottes für Mann und Frau eher als Vielehe

(3) Ehebruch, Trennung und Ehescheidung stellen elementare Bedrohungen des Zusammenlebens dar. Deshalb stellt der Schutz der Ehe und die Betonung ihrer Unauflöslichkeit keine speziell religiöse, im Prinzip belanglose, beliebige Norm dar. Die christliche und jüdische Eheethik (und wohl die meisten nichtbiblischen Kulturen!) ruft deshalb immer neu zu Ehe als lebenslanger, nur durch den Tod geschiedener Verbindlichkeit einer ausschließlichen Zuordnung *eines* Mannes und *einer* Frau zurück. Diese ist Bedingung dafür, dass eine soziale Gemeinschaft existieren und überleben kann. Sie ist insofern von allgemeiner, fundamentaler Bedeutung.

(Ein-)Ehe: ausschließliche, geschützte Verbindung *eines* Mannes mit *einer* Frau

---

weist", ja „eine einzigartige Würdigung" dieser Liebe darstellt (Claus Westermann: Genesis. Bd. I: Genesis 1–11 [BK I/1], Teil 1: Gen 1–3, Neukirchen-Vluyn 4. Aufl. 1999, S. 318), dann ist damit an zentraler Stelle die besondere und Mittelpunktstellung der Einehe gerade hervorgehoben.

23 Bezeichnenderweise steht auch im Zentrum der Mehrehe meist eine Hauptehe mit einer Hauptfrau und daneben Nebenehen mit Nebenfrauen (vgl. Carl Heinz Ratschow: Art. Ehe, religionsgeschichtlich, in: RGG 3. Aufl. Bd. 2, [S. 314–316] v. a. S. 315).

III. Was ist Ehe?

9. Eine Ehe einzugehen, bedeutet, Vater und Mutter zu verlassen, seinem Partner/seiner Partnerin „anzuhangen" und ein Fleisch mit ihr/ihm zu werden (vgl. 1Mo 2,24). Ehe ist danach eine unauflösbare, exklusive, die elementaren Lebensbereiche umfassende, an Intensität nicht zu überbietende und auf lebenslange Dauer angelegte Gemeinschaft von einem Mann und einer Frau.

Was macht eigentlich Ehe aus?

a) „Ein Fleisch sein": umfassender, auf Dauer angelegter, exklusiver Lebensbund

Ehe verbindet mehr als Blutsverwandtschaft

(1) Das Ein-Fleisch-Werden von Mann und Frau setzt diese Beziehung zweier bis dahin einander fremder, nicht verwandter Menschen der Blutsverwandtschaft als verbindlichste Form menschlicher Beziehung gleich (vgl. 1Mo 29,14f.;37,27; 3Mo 18,6ff.). Durch das Verlassen von Vater und Mutter und vor allem das *Anhangen* überbietet die Ehe noch die Bedeutung der Blutsverwandtschaft.

„Die Ehe ist ein Verhältnis, gegen welches selbst das kindliche zurücktritt, ein Verh[ältnis], wie das *eis sarka mian* [zu einem Fleisch] besagt, innigster persönlicher, geistleiblicher Gemeinschaft" (Franz Delitzsch)[24].

Durch die Ehe als „Ein-Fleisch-Werden" entsteht ein neues, die alte Blutsverwandtschaft an Intensität und Bedeutung noch überholendes „verwandtschaftliches" Verhältnis. Wie die Blutsverwandtschaft ist

[24] Neuer Kommentar über die Genesis, mit einem Geleitwort von Siegfried Wagner, ND der 5. Aufl. von 1887, Gießen/Basel 1999, S. 95.– Ähnlich Claus Westermann (Genesis. Bd. I: Genesis 1–11 [BK I/1], Teil 1: Gen 1–3, Neukirchen-Vluyn 4. Aufl. 1999, S. 318) und Ben Jacob zur Stelle.

Die Ehe ist unauflösbar

Durch die Ehe zweier Menschen entsteht eine neue Individualität

Ein Fleisch-Sein
- leiblich (sexuell)
- verwandtschaftlich
- rechtlich
- öffentlich

Körperliche Gemeinschaft begründet ein hohes Maß an Nähe und Verbindlichkeit

Ehe also mithin unauflösbar. Klaus Haacker wehrt einem psychologischen Missverständnis des Ein-Fleisch-Werdens[25] und entfaltet die neue, durch das Ein-Fleisch-Werden gestiftete Wirklichkeit unüberbietbar deutlich und umfassend: 1. Mose 2,24 besagt „nicht weniger als dies: dass die Eheschließung … die getrennte Einzelexistenz zweier Menschen beendet. In der Ehe bilden zwei Menschen gemeinsam eine neue Individualität.“[26]

(2) Für die hebräisch-biblische Anthropologie[27] ist *basar* (Fleisch) nicht ein Teil des Menschen (neben Geist und Seele), sondern eine Perspektive auf den ganzen Menschen: *basar* meint den Menschen, *insofern* er körperlich-leiblich existiert.[28] Das schließt die sexuelle Dimension mit ein (vgl. 1Kor 6,15ff.), aber ebenso die anderen Beziehungsdimensionen, in denen der Mensch steht.

(3) Die Argumentation von Paulus in 1. Korinther 6,16f. (der Verkehr mit der Prostituierten wiegt schwerer, weil das Ein-Leib-Werden mit ihr an das Ein-Fleisch-Werden in der Ehe erinnert) macht deutlich, dass Paulus in der körperlichen Gemein-

---

25 „Es heißt nicht ‚ein Herz und eine Seele‘: nicht die Innigkeit der Beziehung ist im Blick.“ (Ehescheidung und Wiederverheiratung im Neuen Testament, S. 31).

26 Ebd.

27 Anthropologie: Lehre vom Menschen.

28 Das hebräische *basar* meint in seiner Grundbedeutung – so übereinstimmend Gesenius, Gerlemann, Koehler und Bratsiotis –: Fleisch, Leib, Körper und Verwandtschaft. Zur Bedeutung von „Fleisch“, hebräisch *basar* (griechisch *sarx*) vgl. Nikolaos P. Bratsiotis: Art. *basar*, in: Theologisches Wörterbuch zum Alten Testament, hg.. von G. Johannes Botterweck (…), Bd. I, Stuttgart (u. a.) 1973, S. 849–867 (Literatur ebenda und in den Literaturergänzungen des ThAT Bd. 8); G. Gerlemann: Art. *basar*, in: Ernst Jenni/Claus Westermann: Theologisches Handwörterbuch zum Alten Testament, Bd. 1 München – Zürich 2. Aufl. 1975, S. 376–379; Wilhelm Gesenius: Art. *basar*, in: ders.: Hebräisches und Aramäisches Handwörterbuch über das Alte Testament, Berlin/Göttingen/Heidelberg 17. Aufl. 1915, S. 120; Ludwig Koehler: Art. *basar*, in: Ludwig Koehler/Walter Baumgartner: Lexicon in Veteris Testamenti Libros, Leiden NL 1985, S. 157.

schaft von Mann und Frau ein wesentliches Kennzeichen von Ehe und einen hohen Grad von Verbindung und verbindlicher Beziehung sieht.

(4) Der genitale Geschlechtsverkehr gehört exklusiv in die Ehe (vgl. vor allem 5Mo 22,17). Wenn es außerhalb der Ehe – was nicht biblisch und legitim ist – zur geschlechtlichen Vereinigung kommen sollte, ist Ehe – wann immer möglich (vgl. die Bestimmungen in 5Mo 22) – die notwendige Folge. Paulus gesteht auch angesichts der von ihm für die nahe Zukunft erwarteten Wiederkunft des Herrn zu: „Wenn sie sich (die Unverheirateten und Witwen) aber nicht (sexuell) enthalten können, so sollen sie heiraten." (1Kor 7,9)

Genitale Sexualität gehört ausschließlich in die Ehe

Die geschlechtliche Vereinigung ist eine notwendige, freilich nicht hinreichende Bedingung für das Gegebensein einer ehelichen Verbindung. Eheschließung ist darum wesentlich, aber nicht nur leibliche Vereinigung (vgl. 1Mo 34,12; und umgekehrt 5Mo 22,28, wo von einer verbindlichen Eheschließung [„Verlobung"] die Rede ist, ohne dass es zu einer körperlichen Vereinigung kommt).

Geschlechtliche Vereinigung – notwendige, aber (noch) nicht hinreichende Bedingung für Ehe

Der genitale Geschlechtsverkehr gehört zwar nur in die Ehe; er begründet allein freilich noch keine Ehe. Er verbindet aber als ein an Intimität und Intensität nicht zu überbietender „Erkenntnisakt" zweier Menschen (vgl. z. B. 1Mo 4,1) diese beiden so sehr miteinander, dass eine Eheschließung mit öffentlicher (und rechtlicher) Geltung, wann immer realisierbar, die notwendige Folge ist.

(5) Das „Ein-Fleisch-Werden" von Mann und Frau darf freilich nicht einseitig oder gar ausschließlich körperlich, näherhin im geschlechtlichen Sinne verstanden werden. Es beinhaltet neben der sexuellen auch die *soziale* Dimension des gemeinsamen Teilens der wesentlichen Lebensbereiche mit allen ihren Facetten: Das „Vater-und-Mutter-Verlassen" beinhaltet die *öffentliche*, in heutigen Kulturen in der

Ein Fleisch werden ist mehr als körperliche Vereinigung

Regel *juristische*[29], ansonsten *sakral*[30] legitimierte Anerkennung der exklusiven und ganzheitlichen Zuordnung eines Mannes zu einer Frau und umgekehrt.

Ehe ist ein Bund

Ein-Fleisch-Werden ist das Bundeszeichen des neuen Bundes

(6) In Maleachi 2,14ff.[31], Hesekiel 16,8[32] und Sprüche 2,17[33] wird Ehe als ein *Bund* (hebr. *berit*) verstanden, der vor Gott als Zeugen *geschlossen* wird.[34] Ehe ist damit als eine Rechtsinstitution verstanden. Im Alten Testament ist ein Rechtsinstitut mit einem Zeichen (*ot*) verbunden. Zeichen des *berit* (des Bundes) ist die geschlechtliche Vereinigung, also das „ein Fleisch werden"[35]. Hier schließt sich

---

[29] Hans Walter Wolff weist mit Recht darauf hin, dass das *basar echat*-[*ein* Fleisch]Sein von Mann und Frau geradezu zum „Rechtsterminus für ‚*Verwandtschaft*' werden kann" (vgl. Anthropologie des Alten Testaments, München 1973, S. 53). Als Grundbedeutung hält aber auch er für 1. Mose 2,24 fest: zu einem basar werden heißt „zu einem gemeinsamen Körper, zu einer ‚Lebensgemeinschaft'" werden (ebd., unter Bezug auf O. H. Steck).

[30] Sakral: heilig, im weiteren Sinne: religiös.

[31] „Ihr sagt: Weswegen? Deswegen weil der HERR Zeuge gewesen ist zwischen dir und der Frau deiner Jugend, an der du treulos gehandelt hast, wo sie (doch) deine Gefährtin ist und die Frau deines Bundes. Und hat er sie nicht zu Einem gemacht? Zu einem Fleisch, in dem Geist ist. Und was erstrebt das Eine? Nachkommenschaft von Gott. So hütet euch bei eurem Leben! Und an der Frau deiner Jugend handle nicht treulos!! Denn ich hasse Scheidung, spricht der HERR, der Gott Israels; ebenso wie wenn man sein Gewand mit Unrecht bedeckt, spricht der HERR der Heerscharen. So hütet euch bei eurem Leben und handelt nicht treulos!"

[32] „Und ich ging (wieder) an dir vorüber und sah dich, und siehe, deine Zeit war da, die Zeit der Liebe; und ich breitete meinen Zipfel über dich aus und bedeckte deine Blöße. Und ich schwur dir und trat in einen Bund mit dir, spricht der Herr, HERR, und du wurdest mein."

[33] „… die den Vertrauten ihrer Jugend verläßt und den Bund ihres Gottes vergißt."

[34] Vgl. dazu Gordon P. Hugenberger, Marriage as a Covenant. Biblical Law and Ethics as Developed from Malachi, Leiden (Brill, Veteris Testamenti Suppl. S. 52), The Netherlands 1994 (Grand Rapids, Michigan 1998). Den Hinweis auf diese schöne Monographie verdanke ich Helmuth Egelkraut.

[35] In 1. Mose 2,24 sind somit alle Elemente des *berit* gegeben: „Marriage in general, and the marriage of Adam and Eve in particular, is eminently qualified as a plausible example of a covenant. […] Genesis 2,24 describes the obligation of a husband toward his wife precisely in terms of a familial loyalty

der Kreis, und es wird deutlich, dass sich die verschiedenen Definitionen von Ehe nicht ausschließen, sondern ergänzen.

Entscheidend ist auch für diese Qualifikation von Ehe in juridischen Kategorien, dass die Unauflösbarkeit der Beziehung ausgesagt und deutlich wird: Ein Bund ist nicht kündbar. Von den Bundespartnern wird vielmehr Treue erwartet. Er kann nur gebrochen, aber nicht aufgehoben werden. Untreue verletzt diesen Bund, kann ihn aber nicht aufheben.

Der Ehe-Bund ist nicht kündbar

b) „Anhangen": Unauflösbarkeit

(1) Das „Ein-Fleisch-Werden" ist die höchste Form der Verwandtschaft zweier Menschen. Daneben begründet vor allem die Redeweise vom „Anhangen"/„Ankleben"[36] die Unauflösbarkeit der Ehe. Das Substantiv *dabak* kann sogar das „Löten" oder besser: das Zusammenschweißen, zweier Metalle bedeuten:

„Der Mann wird an seiner Frau hängen. Das Wort ‚hängen', ‚*dabaq*', heißt ‚anhaften, ankleben, sich anschmiegen, festhalten an und sich halten zu'. Das zu dem Verb gehörende Hauptwort kann man auch mit ‚Lötung' wiedergeben. Das hebräische Wort entspricht dem griechischen ‚*kollao*' ‚anleimen'. Dies Angeleimtwerden an einen anderen Menschen geschieht überall da, wo zwei Menschen

… seiner Frau *anhangen:*
- wie zwei Metalle, die zusammengelötet sind
- wie zwei Teile, die zusammengeleimt sind
- wie die Schuppen eines Krokodils zusammengefügt sind

---

which is comparable to that owed to one's parents: ‚Therefore a man leaves his father and his mother and cleaves to his wife, and they become one flesh'" (Hugenberger, Marriage as a Covenant, S. 181).

[36] Vgl. Wilhelm Gesenius: Hebräisches und Aramäisches Handwörterbuch über das Alte Testament, Berlin/Göttingen/Heidelberg 17. Aufl. 1915, Art. *dabak*; Ernst Jenni: Art. *dabak/dbq* anhangen, in: Ernst Jenni/Claus Westermann: Theologisches Handwörterbuch zum Alten Testament, Bd. 1 München – Zürich 2. Aufl. 1975, S. 431f. Ludwig Koehler/Walter Baumgartner: Lexicon in Veteris Testamenti Libros, Leiden NL 1985, S. 199) weist auf Hiob 41,9 das Fest-zusammengefügt-sein der Schuppen des Krokodils hin.

Der Frau anhangen – das schließt jeden außerehelichen Verkehr aus

ein Fleisch werden. Selbst in dem Fall, dass ein Mann zu einer Dirne geht, und ein Leib mit ihr wird, ist er an diese Frau ‚angeleimt'(1Kor 6,16). Wie es nur das ‚Festgeleimtsein' an *einen* Gott gibt, so gibt es für den Menschen nur das ‚Angeleimtsein' an *eine* Frau. Die wörtliche Übersetzung ‚der Mann wird an seiner Frau hängen' schließt damit jeden außerehelichen Geschlechtsverkehr aus."[37]

Verlust der „Jungfräulichkeit" – ein unumkehrbarer Vorgang mit fundamentaler Bedeutung

Wie die ethischen Bestimmungen des Alten Testamentes zeigen, ist der Verlust der „Jungfräulichkeit" für Mann und Frau von grundlegender Bedeutung. Die durch genitale sexuelle Vereinigung herbeigeführte, nur in der Ehe selbst legitime Einheit *eines* Mannes und *einer* Frau stellt einen unumkehrbaren Vorgang von größter Bedeutung dar. Die beiden hebräischen Worte *basar* und *dabak* signalisieren jeweils auf ihre Weise, dass hier eine neue Wirklichkeit geschaffen wird, die nicht auflösbar ist oder ungeschehen gemacht werden kann.[38]

Entweder zerbricht der Vorgang der Vereinigung in einer die eigene Existenz gefährdenden Weise die Ehe anderer, oder aber – wenn eine solche Ehe nicht vorliegt – er nötigt zu einer solchen (vgl. 5Mo 22 die Kasuistik der Argumentation, die als Grundlage erkennen lässt: *Wann immer möglich*, sollten zwei, die miteinander geschlafen haben, heiraten).

(2) Wo eine Eheschließung nicht möglich ist (vgl. 5Mo 22,28f.!) und ein Einbruch in eine fremde Ehe vorliegt, wiegt der Sachverhalt eines körperlichen Einswerdens so schwer (vgl. These 8), dass im

---

[37] Hansjörg Bräumer: Das erste Buch Mose, 1. Teil Kapitel 1–11, Wuppertal 1983 (Wuppertaler Studienbibel), S. 81.

[38] Dabei muss *dabaq* – wie schon *basar* – nicht exklusiv auf die geschlechtliche Einheit bezogen werden. Umgekehrt besteht aber auch kein Anlass zu behaupten: „geschlechtliche Gemeinschaft ist … nicht gemeint." (Gerhard Wallis: Art. dabaq, in: Theologisches Wörterbuch zum Alten Testament, hg. von G. Johannes Botterweck (…), Bd. II, Stuttgart (u. a.) 1977, (S. 84–89) S. 85. Dass – wie Wallis linguistisch unkritisch argumentiert (ebd.) – *dabaq* auch noch andere Bedeutungskomponenten hat, schließt ja ipso facto nicht diese Bedeutungskomponente aus.

Alten Testament und vielen anderen Kulturen die Beteiligten ihr Leben verwirkt haben (vgl. 3Mo 20,10; 5Mo 22,13ff.).

(3) Mann und Frau sind einander exklusiv, ausschließlich zugeordnet. Das beinhaltet die Möglichkeit besonderen persönlichen Glückes des Ehepaares. Dieses Ehebild ist nicht nur und nicht erst eine Erfindung der Romantik (so N. Luhmann[39]). Es findet sich bereits im Alten Testament (vgl. das *Hohe Lied* auf die monogame[40] Beziehung zweier Verliebter). Es hat sein Vorbild in der Beziehung Gottes zu seinem auserwählten Volk.

> Exklusive Zuordnung von Mann und Frau – Bedingung von Liebe und Glück

(4) Wir vergegenwärtigen uns wichtige Einsichten aber auch Fragen der Auslegung der einschlägigen biblischen Aussagen. Konsensfähige[41] und offenkundige, unbestreitbare Aussagen einerseits und Fragen, die nicht mit Sicherheit beantwortbar sind, andererseits sollen und müssen unterschieden werden. Nur so gewinnen wir die mögliche und nötige Verbindlichkeit. Nur so vermeiden wir aber auch eine unnötige Bindung der Gewissen. Da, wo die Gesamtheit der Aussagen kein eindeutiges, sondern zwiespältiges Bild ergibt, stellt auch dieses Ergebnis einen Sachverhalt von theologischer Bedeutung dar. Hier können und dürfen wir Menschen nicht binden.

> So unterscheiden wir:
> - eindeutige Aussagen der Bibel
> - Fragen, die nicht mit Sicherheit beantwortbar sind

---

39 N. Luhmann: Liebe als Passion. Zur Codierung von Intimität, Frankfurt 4. Aufl. 1984.

40 Monogam: ausschließlich auf einen (Ehe)Partner bezogen.

41 Konsensfähig: etwas, das (breite) Zustimmung findet/finden kann.

IV. Wichtige Auslegungsfragen

a) Ehe als Schöpfungsordnung

10. 1. Mose 2,24 offenbart und schenkt Ehe als fundamentale Schöpfungsordnung. Die Zehn Gebote verbieten Ehebruch (2Mo 20,14.17). Gott hasst Scheidung (Mal 2,16). Das mosaische Gesetz regelt die Scheidung zwar, aber als Notmaßnahme und ohne sie doch ausdrücklich zu legitimieren.

Bündelung der wichtigsten Aussagen über die Ehe

(1) Grundlegend ist die Bestimmung von Ehe in 1. Mose 2,24. Dem Schutz dieser in Gottes Schöpfungswillen angelegten Beziehung von Mann und Frau dient das sechste am Gottesberg gegebene Verbot der Ehescheidung (2Mo 20,14; 5Mo 5,18). 3Mo 18,20; 20,10 zeigen, dass ein Einbruch in die Ehe eines anderen ein Verstoß gegen Gottes Gerechtigkeitsordnung ist, die den Shalom des Einzelnen wie des Volkes bedroht und schwer wiegende Konsequenzen nach sich zieht.

Der „Scheidebrief" regelt die Scheidung, ohne sie als richtig anzuerkennen

(2) Die in 5. Mose 24,1–4 gegebenen Vorschriften über den Scheidebrief regeln die Grenzen dieser Praxis, ohne diese hier oder anderswo in irgendeiner Weise zu legitimieren (vgl. 5Mo 12,4 bzw. 12,6!).

Ehebruch gefährdet die Gemeinschaft

(3) Ehebruch und Ehezerbruch schädigen eine der Beziehungen, die für den Einzelnen wie für das Zusammenleben der menschlichen Gemeinschaft grundlegend und wesentlich sind.[42] Darum ist Ehebruch für die Akteure wie auch für die, unter denen sie leben, existenzbedrohend (vgl. 3Mo 18.20; 5Mo 22,13ff.).

Obwohl die geschlechtliche Vereinigung zur Ehe gehört, führt sie als solche aber nicht notwendigerweise zur Ehe. Sie reicht nicht aus, um Ehe zu be-

---

[42] Vgl. zur jüngeren Debatte Eugénie Bott: Und immer sind sie hungrig nach Liebe. Wie verkraften Kinder die Trennung ihrer Eltern?, in: Die Zeit, 51 (2002), 19. Dezember 2002, S. 70.

gründen (vgl. auch 1Kor 7,9). 5Mo 22,19.29 regelt dabei einen besonderen Fall, ohne ihn aber zu legitimieren.

Im letzten Buch unseres Alten Testamentes wird von Gott selbst durch den Mund des Propheten Maleachi mit unüberbietbarem Nachdruck als sein Wille und seine Herzenseinstellung festgehalten: „Und an der Frau deiner Jugend handle nicht treulos! Denn *ich hasse Scheidung*, spricht der HERR, der Gott Israels ... So hütet euch bei eurem Leben und handelt nicht treulos!“ (Mal 2,15f.).

„Ich hasse Scheidung“, spricht der Herr, der Gott Israels

b) Das Alte Testament als Basis der neutestamentlichen Aussagen über die Ehe

11. Das Neue Testament knüpft an die im Alten Testament geoffenbarte und weiterhin als normativ geltende Schöpfungsordnung „Ehe“ an.

Das Neue Testament setzt das Alte voraus.
Die Aussagen über die Ehe gelten weiter

(1) Die in 1. Mose 2,24 formulierte Schöpfungsordnung ist Grundlage entscheidender neutestamentlicher Aussagezusammenhänge (Mt 5,31f.; 19,4f.; Röm 7,2; 1Kor 6,16f.; 7,1–16, v. a. 7,10.14; Eph 5,21–33, v. a. 5,31).

(2) Paulus sieht die Ehe in 1. Korinther 7,1–16 in einer doppelten eschatologischen[43] Perspektive: (a) Die Ehe ist nicht unwichtig und Sexualität nichts Negatives. Aber die Bedeutung von Ehe, Liebe und Leib relativiert sich angesichts des noch wichtigeren Ereignisses der Wiederkunft Christi, die als nahe bevorstehend erwartet wird; (b) die Schöpfungsordnung und das mosaische Gesetz gelten weiter („eine Frau soll sich nicht von ihrem Mann scheiden lassen“, 7,10), aber „wenn der Ungläubige (Partner) sich scheidet, so scheide er sich“ (7,15), und der Bruder oder die Schwester ist in solchen Fällen „nicht geknechtet/gebunden“ (7,16). Die eschatolo-

Eschatologische Perspektive auf Ehe:
Ehe ist wichtig, aber die bevorstehende Wiederkunft Christi ist noch wichtiger

[43] Eschatologie: endzeitlich, das Ende betreffend.

gische, neue Wirklichkeit derer, die zum neuen Volk Gottes gehören, bedeutet eine neue, unbedingte Loyalität gegenüber dem Herrn der Welt: Jesus Christus.

(3) 1. Korinther 7,28 („wenn du aber doch heiratest, so sündigst du nicht") ist im Gesamtzusammenhang der Aussagen des 7. Kapitels zu verstehen. Der Vers meint nicht den Fall der Wiederverheiratung, sondern das Eingehen einer ehelichen Verbindung, obwohl die Zeit zusammengedrängt ist und die Gestalt dieser Welt vergeht (1Kor 7,29.31), eine solche Handlung also recht verstanden die falschen Prioritäten setzt (vgl. die sachlich parallele Aussage in 7,8f.).

Jesus will nur eines: Dem ursprünglichen, guten Willen Gottes für Mann und Frau neu Gewicht geben, den Vater dadurch ehren und den Menschen zurechthelfen

12. Jesus stellt die unbedingte Gültigkeit des „im Anfang" geoffenbarten Willens Gottes wieder her und überbietet das mosaische Gesetz, indem er den Liebeswillen Gottes offenbart und für die Gemeinde des Neuen Bundes unbedingt verpflichtend macht. Dieser Liebeswille Gottes ist es nämlich, der seinen Geboten zugrunde liegt. Paulus macht genau diese Haltung Jesu als des „Herrn" verpflichtend (1Kor 7,10ff.).

(1) Das zeitgenössische Judentum fokussiert sich im Hinblick auf die Möglichkeit der Scheidung auf die Weisung der Tora, des normativen und autoritativen[44] Gesetzes, in 5. Mose 24,1. Jesus nimmt auf diese Perspektive sowohl in der Bergpredigt (Mt 5,31f.) als auch im Gespräch mit den Pharisäern (Mt 19,3–9) direkten Bezug. Diese wollen ihn „versuchen" und in einen Widerspruch zu (mindestens) einer der beiden großen und einflussreichen Schriftgelehrten und ihren Schulen bringen: „Ist es einem Mann erlaubt, eine Frau aus jeder (beliebigen) Ur-

[44] Autoritativ: auf Grund von gegebener Autorität (Gegensatz zu autoritär: auf Grund von bloß angemaßter Autorität).

sache zu entlassen?", so wird Jesus befragt (19,3). Während der große Schriftgelehrte Schammai eine Scheidung nur aus schwerwiegenden Gründen erlaubt, reichen nach der Schriftgelehrtenschule Hillels schon Kleinigkeiten (wie z. B. Mundgeruch oder kleine Schönheitsfehler)[45] aus, um der Frau den Scheidebrief auszustellen. Man wird sagen müssen, dass es zur Zeit Jesu „keine Ehe im jüdischen Volk gegeben hat, die nicht kurzer Hand vom Manne in völlig legaler Weise durch Aushändigung eines Scheidebriefes hätte gelöst werden können"[46]. Diese Scheidungspraxis und ihre „theologische" Legitimation ist ein wichtiger Verständnishintergrund für die von Matthäus 5,32 und 19,3–12 berichteten Aussagen Jesu zu Ehe, Scheidung und Wiederheirat.

Scheidung im Judentum neutestamentlicher Zeit:
Reicht schon Mundgeruch oder eine verbrannte Suppe?

Grund für diese ethische Laxheit und rechtliche Unsicherheit der Frau ist die sehr weite, unbestimmte Formulierung der Tora in 5. Mose 24,1: „Wenn ein Mann eine Frau nimmt und sie heiratet, und es geschieht, dass sie keine Gunst in seinen Augen findet, weil er *etwas Anstößiges (Schandbares)* an ihr gefunden hat ..." Die Septuaginta, also die wirkkräftige und weit verbreitete griechische Übersetzung des Alten Testamentes, kann übersetzen: „wenn er etwas Ungeziemendes an ihr gefunden hat"[47]. Der gegebene Interpretationsspielraum[48] von „*etwas Schandbares/Anstößiges/Ungeziemendes*" steht im Mittelpunkt der zeitgenössischen jüdischen Debatten und des in Matthäus 19,3ff wiedergegebenen Gespräches.

Was heißt „etwas Anstößiges"?

(2) Bezeichnend ist nun die Antwort und Reaktion Jesu. Er befreit sich aus der durch die Fangfrage gegebenen schwierigen Situation, indem er

1. auf den Basistext der Tora überhaupt verweist. „Habt ihr nicht gelesen ...", und dann

Jesus erinnert und bindet an den ursprünglichen Willen Gottes

---

45 Vgl. Hermann L. Strack/Paul Billerbeck: Kommentar zum Neuen Testament aus Talmud und Midrasch, Erster Band. Das Evangelium nach Matthäus, München 1926, S. 318.

46 Ebd., S. 320.

47 Vgl. Strack-Billerbeck, I, S. 314f.

48 Interpretationsspielraum: Bandbreite von Möglichkeiten, in denen man einen Text verstehen kann.

zitiert Jesus 1. Mose 1,27 und 2,24. In beiden Stellen wird die Schöpfungsordnung Gottes deutlich, also sein eigentlicher Wille. An ihn erinnert Jesus, und an ihn bindet er.

2. Das, was „im Anfang“ war, soll die Orientierung sein. Damit übt Jesus schon Kritik an der Perspektive der Frager und ihrem Interesse. „Ihre Frage“, so Schlatter zur Stelle[49], „ist von Grund auf verdorben“. Jesus stellt schon die Reflexion als solche in Frage, die kein Interesse mehr an der Herausforderung zeigt, wie denn der ursprüngliche[50], Wille Gottes gelebt werden kann. Mit dem Rückbezug auf den „Anfang“ will Jesus den Jüngern „die ursprüngliche Ordnung ... vorstellen. Für sie muss ganz kompromisslos, unabhängig von den staatlichen und zivilen Gesetzen der reine Gotteswille maßgebend sein.“[51] Der Unterschied selbst zum strengsten rabbinischen Juden besteht darin, „daß Jesus grundsätzlich an der Unauflösbarkeit der Ehe als einer Schöpfung Gottes festhält und auch in dem Fall, für den er die Scheidung zugesteht, ein Durchbrechen des Willens Gottes sieht.“[52]

Jesus hält an der Unauflösbarkeit der Ehe fest

3. Die Pharisäer beziehen sich scheinbar auf die Tora, wenn sie formulieren: „Warum hat denn Mose geboten, einen Scheidebrief zu geben (...)“ (Mt 19, 7) Jesus stellt richtig: Er

---

49 Adolf Schlatter: Das Evangelium des Matthäus. Erläuterungen zum Neuen Testament; Bd. 1, Stuttgart 1965, S. 291. Ähnlich Theodor Zahn (Das Evangelium des Matthäus. Kommentar zum Neuen Testament, Bd. I, 3. Aufl. Leipzig 1919, S. 588, Anm. 53), der diese Interpretation philosophisch unterstützt: „Epitrepein tini ti, einem etwas anheim geben und überlassen, ... heißt hier so wenig, wie irgendwo, etwas für erlaubt und tadelfrei erklären, sondern einem auf seinen Wunsch etwas gestatten.“

50 Der „im Anfang“ gegebene Wille Gottes ist als der erste, ursprüngliche für biblisches Denken grundlegend und verbindlich.

51 Fritz Rienecker: Das Evangelium des Matthäus, in: Wuppertaler Studienbibel 1, Wuppertal/Zürich 1983, S. 261.

52 Ebd.

hat nicht „geboten“, er hat nur gestattet. „Geboten hat Gott den Scheidebrief“, sagen sie. „Erlaubt hat er ihn“, antwortet Jesus.[53] Und damit weist Jesus ein weiteres Mal eine bloß formale Bezugnahme auf Mose, die Tora, das Gesetz Gottes ab, die den eigentlichen Willen Gottes aus dem Blick verloren hat und nicht mehr erkennt, dass „Mose“ die Scheidung nicht legitimiert hat, sondern nur als Not-Lösung eingeräumt hat. Das Gesetz spiegelt hier „nicht den vollkommenen Willen Gottes“ wider, sondern „paßt sich, um Schlimmeres zu verhüten, dem Stand der Menschen an“.[54]

Jesus:
Scheidung ist keine Lösung

4. Jesus antwortet, wie schon in den Antithesen[55] der Bergpredigt (Mt 5,31f.: „Es ist gesagt – ich aber sage euch“), indem er einen absolut autoritativen Anspruch der Auslegung des Willens Gottes erhebt: „*Mose* hat wegen eurer Herzenshärtigkeit euch gestattet, eure Frauen zu entlassen ... – *Ich* sage euch *aber*: wer immer seine Frau entlassen wird, außer wegen Hurerei (*porneia*), und eine andere heiraten wird, begeht Ehebruch“ (Mt 19,9). Die Position Jesu ist dabei nicht Willkür, sondern sie erwächst aus der Richtigstellung des Schriftumgangs der Pharisäer und Schriftgelehrten und aus der Betonung dessen, was Gottes ursprünglicher und eigentlicher Wille für Mann und Frau ist und was dagegen nur Notordnung ist. Zu diesem Ursprungswillen ruft Jesus zurück. An ihn bindet er. Es kann kein Zweifel sein: Jesus stellt „die Unauflöslichkeit der Ehe in lapidarer[56]

Jesus fragt:
Was ist denn Gottes *ursprünglicher* Wille für Mann und Frau?

[53] Adolf Schlatter: Das Evangelium des Matthäus. Erläuterungen zum Neuen Testament; Bd. 1, Stuttgart 1965, S. 291.
[54] Schlatter, Erl. Zum NT; Bd. 1, S. 292.
[55] Antithese: Aussage, die sich gegen eine andere Aussage richtet.
[56] Lapidar: kurz und bündig, ohne weitere Erläuterung.

Form als den unbedingten Gotteswillen dar"[57].

> Jesus: Wiederheirat ist Sünde!

5. Jesus macht seine Position zusätzlich klar, indem er noch einen Schritt weiterdenkt: „Wer eine Entlassene/Geschiedene heiratet, begeht Ehebruch." (Mt 19,9) „Dergleichen Gedanken kennt die alte Synagoge nicht"[58]. Demgegenüber sagt Jesus dem Sinne nach: Die Ehe kann geschieden werden, d. h. die Eheleute können sich physisch trennen –, sie können einander ja „entlassen"; sie mögen emotional kein Verhältnis mehr zueinander haben. Aber das, was Gott zusammengefügt hat, kann der Mensch nicht trennen; es ist unauflösbar; es besteht weiter. Und eine Wiederheirat würde – trotz Scheidung – dieses Tun Gottes tangieren. Schlatter erklärt: „Jesus deckt die Sünde auf, die in jeder gewalttätigen Lösung der Ehe liegt; denn es steht nicht im Willen des Mannes, ungeschehen zu machen, was geschehen ist (…). Der Mann hat die Frau zu seiner Frau gemacht und ihr Gemeinschaft und Treue zugesagt; er hat auch das Naturband gestiftet, das beide zu einem Leibe vereint. Das schafft keine Willkür mehr aus der Welt."[59] (Vgl. Mal 2,14ff.!).

> Jesus: Scheidung provoziert Ehebruch

> Paulus knüpft an Jesus an

(3) Paulus verfährt in doppelter Weise wie Jesus, wenn er

1. auf die entscheidende göttliche Autorität Bezug nimmt, diese aber sachlich korrekt nicht in der Tora, sondern in Jesus als dem Wort Gottes selbst sieht und

---

[57] Friedrich Hauck/Siegfried Schulz: Art. *pornee* etc., in: ThWNT Bd. VI, hg. von Gerhard Friedrich (ND der Ausgabe von 1933–1979), Stuttgart/Berlin/Köln 1990.

[58] Strack-Billerbeck, I, S. 320.

[59] Schlatter, Erl. zum NT; Bd. 1, S. 73f.

2. Jesu Anknüpfung an die Unauflöslichkeit der Ehe im AT in der Weisung zusammenfasst, „dass die Frau sich nicht vom Mann scheiden lassen soll“ (1Kor 7,10f.).

Die Unauflösbarkeit der Ehe und die daraus resultierende Unmöglichkeit der Scheidung ist also für Jesus wie für Paulus Ausgangs- und Eckpunkt aller Orientierung.

c) Zum Verständnis der so genannten Unzuchtsklausel

13. Die so genannte Unzuchtsklausel oder Ausnahmeklausel (Mt 5,32; 19,9) hebt die Unbedingtheit der Unauflösbarkeit der Ehe nicht auf. Sie bestätigt sie vielmehr, indem sie sie entfaltet. Mit der Aussage, dass jede Scheidung einer Ehe Ehebruch bedeutet, außer wenn porneia („Unzucht“ des Partners) vorliege, bezieht Jesus in seelsorgerlicher Weise die unheilvolle Wirklichkeit des Menschen auf den Willen Gottes für Mann und Frau. Er folgt dabei dem Vorbild der Tora, also der Gesetzgebung des Alten Bundes.

> Die Unzuchtsklausel: „… außer aufgrund von *porneia* (Unzucht)“

Wie ist nun die viel diskutierte so genannte Unzuchts- oder Ausnahmeklausel „außer wegen porneia“ (*me epi porneia*) zu verstehen?

> Die Unzuchtsklausel ist nicht Ausnahme, sondern Bestätigung der Regel

(1) Ein angemessenes Verständnis ebenso wie angemessene pastoraltheologische[60] Konsequenzen ergeben sich erst dann, wenn wir noch einmal festhalten:

Die schriftgelehrte (theologische) Diskussion der Rabbinen ist konzentriert auf die Möglichkeiten und Perspektiven von Scheidung und Wiederheirat. Jesus ruft dagegen zurück zum ursprünglichen Willen

[60] Pastoraltheologie: die Lehre vom Hirtendienst, die angibt, wie der „Hirte“, Leiter einer Gemeinde mit bestimmten Fragen und Situationen umgehen soll.

Die Grundlage für das Verständnis: Scheidung widerstreitet dem Willen Gottes

Gottes: „Am Anfang war dies nicht so". Entgegen einer Praxis, die den Notfall zum Normalfall macht, erinnert Jesus daran, dass der Praxis des Scheidungsbriefes nur eine Notordnung zugrunde liegt. Diese widerstreitet aber dem eigentlichen Willen Gottes für Mann und Frau. Ein Entlassen der Frau durch den Mann (= „Scheidung") kommt eigentlich und grundsätzlich nicht in Frage. Bevor wir auf die „Ausnahme" zu sprechen kommen, muss diese Grundlage und das sich daraus ergebende Gefälle der theologischen Argumentation und der ihr folgenden pastoraltheologischen Praxis feststehen.

Auch Jesus weiß um die Notsituationen in der Ehe

(2) In Matthäus 19,3ff. rückt Jesus zunächst die falsche Perspektive und die den Willen Gottes pervertierende, faktisch auf den Kopf stellende Bezugnahme auf das Gesetz zurecht. In einem weiteren Schritt kann er dann wie Mose und in Entsprechung zur Tora (5Mo 24,1) argumentieren. Auch Jesus weiß um die Notsituationen, in die Ehen hineingeraten können und immer wieder hineinkommen. Es gibt in dieser gefallenen Welt *porneia*: Gewalt in der Ehe, Zerstörung der Ehe, Untreue, Perversion von Liebe und Sexualität, kurz: „Unzucht". „Unzucht kann am ehesten wiedergegeben werden mit dem Begriff seelischer und körperlicher Grausamkeit."[61] *Porneia* hat – im Gegensatz zu *moicheia* als Begriff für den körperlich/sexuell zu verstehenden Ehebruch – eine bestimmte Bedeutungsbandbreite.[62] „Schon Paulus hat", so A. Jung[63], „das Jesuswort als Zerrüttungsklausel verstanden". Mit *porneia* ist all das umgriffen. Für diesen Fall ist Scheidung erlaubt. In solchen Fällen ist es unerträglich und unzumutbar, die Ehe weiterzuführen. In diesen Fällen ist die Ehe

Was heißt *porneia*?

[61] Rosemarie und Hanjörg Bräumer: Scheidung und Wiederheirat. Eine biblisch-seelsorgerliche Studie, Stuttgart-Neuhausen 1990, S. 57.

[62] Vgl. Hauck/Schulz, sowie H. Reißer/W. Günther: Art. *moicheuo*. Porneia „can refer to a number of unlawful sexual acts". Ebenso R. H. Stein: Art. Divorce, S. 195.

[63] Zit. n. K.-H. Espey: Wenn Christen in der Ehe scheitern, Kassel (o. J.), S. 4.

faktisch zerbrochen, auch wenn Gottes Vorsehungswille für die beiden Eheleute weiter gilt.

Damit sagt Jesus in der Sache:

1. Scheidung ist gegen den Willen Gottes. Insofern ist sie nicht möglich, ist sie Sünde. „Was ... Gott zusammengefügt hat, soll der Mensch nicht scheiden" (Mt 19,6).[64] – Neben diese *göttliche, den Willen Gottes entfaltende* tritt freilich die *menschliche, die Wirklichkeit des Menschen berücksichtigende* Perspektive:
2. Es gibt aber in dieser Welt, die unter dem Gesetz der Sünde steht, und selbst für den Christen, der immer auch Teil dieser Welt ist (vgl. 1Kor 5,10), Situationen, Konstellationen, unumkehrbare Entwicklungen, in denen eine Scheidung der Ehe nicht zu umgehen ist, ja eigentlich durch das Gegebene schon Realität ist. Dann darf sie auch vollzogen werden.
3. Jesu Haltung ist absolut realitätsbezogen. Sie kann und darf nicht gegen ein theologisches Prinzip ausgespielt werden. Jesus stellt nicht einfach der gefallenen Schöpfung den idealen Willen Gottes gegenüber. Er selbst reflektiert in seiner Lehrbildung – in einer direkten Analogie zu „Mose" – den Graben zwischen dem ursprünglichen, guten, heilvollen Willen Gottes und unserer, auch christlichen, diesen Willen oft verfehlenden Wirklichkeit.

Jesus:
- Scheidung ist gegen Gottes Willen
- Es gibt zerbrochene Ehen
- Dem muss man Rechnung tragen

(3) Die Klausel selber formuliert in der Sache eigentlich keine „Ausnahme", sondern entfaltet nur, wann Gottes unbedingter Wille für die Ehe selbstverständlich nicht gelten kann: dann nämlich, wenn in Wahrheit und Wirklichkeit – wegen *porneia* – eine Ehe gar nicht mehr vorliegt. So liegt „die

---

[64] Für alle Evangelien, auch Matthäus 19,9 gilt: „They abrogate any permission for divorce in Deuteronomy 24:1" (Donald A. Carson: Matthew, Grand Rapids [USA] 1984, S. 418 The Expositer's Bible Commentary, Vol. VIII).

Ausnahme, die Jesus nennt, (…) im Wesen der Sache. Wenn die Frau während der Ehe zuchtlos handelt, so macht sie durch ihre Treulosigkeit den Mann von seiner Verpflichtung frei, dann ist sie der schuldige Teil, der die Ehe *zerstört hat.*"[65] Entsprechendes gilt natürlich für den Mann.

> Eine Ehe kann bereits zerstört sein, bevor sie geschieden wird. Für diesen Fall ist Scheidung kein Ehebruch

Jesus sagt in der Sache: „Die Unzucht eurer Frauen ist die Scheidung selbst. Der Mann, der sich daraufhin von seiner Frau trennt, vollzieht lediglich das nach, was sie durch ihren Ehebruch bereits vollzog."[66]

> Jesus:
> Wer sich scheiden lässt, nötigt den anderen in eine neue Ehe und ist so für Ehebruch mit verantwortlich

Umgekehrt macht sich der Mann des Ehebruches schuldig, wenn er die Frau – aus welchen billigen oder unbilligen Gründen auch immer – entlässt, sich also von ihr scheidet. Denn er zwingt sie ja damit zur Sicherung ihres Überlebens in eine neue Ehe. Mit dieser neuen Ehe, speziell durch die mit ihr verbundene körperliche Vereinigung mit einem anderen Mann bricht sie die Ehe mit ihrem ersten Mann. Mit diesem ist sie ja – so die höchst bezeichnende Voraussetzung Jesu – weiter verheiratet – trotz Scheidebrief! (Was Gott zusammengefügt *hat*, soll/kann der Mensch nicht scheiden!) Wenn der die Frau entlassende Mann sie in eine solche ehebrecherische Situation hineinbringt, ja nötigt, dann ist in Wahrheit und in der Sache er, der Mann, der eigentlich Schuldige –, auch dann, wenn die Frau mit dem neuen, zweiten Mann die Ehe faktisch als erste bricht.

> Ausnahme:
> Der Partner hat durch Untreue die Ehe schon vorher zerbrochen

Ein solcher Ehebruch des entlassenden Mannes liegt nur dann *nicht* vor, wenn die Frau bereits durch eheliche Untreue, durch außerehelichen Geschlechtsverkehr mit einem anderen Mann die Ehe gebrochen hat.

Das ist der präzise Sinn der Formel „außer wegen *porneia*/Unzucht". Wenn die Ehefrau bereits während ihrer Ehe untreu wurde, dann liegt ih-

---

[65] Schlatter, a. a. O., S. 74; Hervorhebung von Verfasser.

[66] Ebd.

rerseits *porneia* vor. Dann ist die Ehe bereits gebrochen. Dann darf der Mann sie entlassen; dann nötigt er sie durch die Entlassung aus der Ehe und die Wiederheirat nicht erst zum Ehebruch. Denn Ehebruch kann man nicht zweimal begehen, und was bereits kaputt ist, kann man nicht noch einmal kaputt machen. Es ist eine Frage der Logik: Wenn die Ehe – durch *porneia* – bereits zerbrochen ist, kann sie durch Wiederheirat nicht mehr zerbrochen werden. Was bereits zerstört ist, kann man nicht noch einmal zerstören.

Was bereits zerstört ist, kann man nicht noch einmal zerstören

(4) Wenn dieses Gefälle der Argumentation realisiert ist (Gottes Wille ist Unauflösbarkeit der Ehe; Scheidung ist gegen Gottes Willen; Ehebruch liegt nur dann nicht vor, wenn ein Partner schon die Ehe gebrochen hat), dann ist „der Sinn der Klauseln“ (in Mt 5,32; 19,9) „nicht, dem christlichen Ehemann bei ehelicher Untreue der Frau die Erlaubnis zur Scheidung zu geben, sondern bei der rechtlich unvermeidlichen Scheidung soll der Mann“ nur „von jedem Vorwurf befreit sein, wenn die Frau durch ihre Handlungsweise die Fortführung der Ehe unmöglich gemacht hat“.[67] Eine Möglichkeit für Wiederheirat soll hier dann schon gar nicht eröffnet werden:

Eine Möglichkeit für Wiederheirat soll durch die Unzuchtsklausel nicht eröffnet werden

(5) Wichtig ist auch hier die Unterscheidung von Ehescheidung und Wiederheirat. Jesus öffnet also durch die Unzuchts-, sprich Ausnahmeklauseln nicht schon die Möglichkeit einer Wiederheirat; er spricht nur eine Entlastung aus, indem er feststellt, für welchen Fall die Entlassung/Scheidung vom Ehepartner nicht selbst schon Ehebruch ist. Dass die Trennung vom Partner (seine Entlassung/Scheidung) in bestimmten Fällen kein Ehebruch darstellt, bedeutet noch nicht, dass in diesen Fällen Wiederheirat legitim wäre.[68]

Zwischen Scheidung und Wiederheirat muss unterschieden werden

Dieses Verständnis der Argumentation Jesu incl. der Unzuchtsklauseln ist plausibel und schlüssig.

[67] Hauck/Schulz, S. 591f.
[68] Zur Diskussion dieser exegetisch sehr schwierigen Frage s. u.

Allerdings darf es die von Jesus selbst betonte und neu eingeschärfte Unauflösbarkeit der Ehe als Gottes ursprünglichen und eigentlichen Willen nicht einschränken. Die Verse müssen als sachliche Einheit begriffen werden.

Fraglich ist freilich, ob mit dem festgestellten Zerbruch der Ehe durch den Ehebruch diese nicht so aufgelöst ist, dass eine neue Eheschließung, also eine Wiederheirat, keinen Ehebruch mehr bedeuten würde. Die porneia des Ehepartners würde dann die Ehe so auflösen, dass auch Wiederheirat möglich wird.

Eine schwierige Auslegungsfrage: Erlaubt die Unzuchtsklausel nur die Scheidung oder legitimiert sie auch die Wiederheirat?

Exegetisch entspricht dieser Fragestellung das Problem, ob man die so genannte Unzuchtsklausel („außer wegen porneia") in Matthäus 19,9b–c der Sache nach dazudenken[69] darf oder nicht: Im einen Falle würde das bedeuten: „Wer immer seine Frau entlässt, außer wegen *porneia*, und wer eine andere heiraten wird, *außer wegen porneia*, der begeht Ehebruch, und wer eine Entlassene heiratet, der begeht Ehebruch (außer wenn in ihrer ersten Ehe *porneia* vorgelegen hat)!" *Wenn* man so ergänzen darf, *wenn* das der Sinn ist, dann wäre Wiederheirat in bestimmten Fällen vom Vorwurf des Ehebruchs freizusprechen.

Wenn aber die Unzuchtsklausel nur dort zu lesen und zu denken ist, wo sie jetzt steht, dann wäre eben – siehe oben – der Sinn der Aussage von V. 19 ganz ausdrücklich: Entlassung und Scheidung sind Ehebruch, nur in einem einzigen Fall nicht, wenn die Ehe bereits durch porneia zerbrochen ist. Wiederheirat ist in keinem Fall erlaubt und sie soll auch durch dieses Wort Jesu nicht legitimiert werden.

---

[69] Dies ist nicht in einem textkritischen Sinne gemeint. Exegetisch kann es keinen vernünftigen Zweifel daran geben, dass die Unzuchtsklauseln zum ursprünglichen Textbestand gehören. (Vgl. vor allem Nestle-Aland 26. Aufl. zur Stelle, aber ebenso D. A. Carson: Matthew, S. 413f.; H. Stein: Art. Divorce).

Gegen die Ergänzung der Unzuchtsklauseln spricht, dass diese eben nicht dasteht, sich die erwogene Einfügung vielmehr einem bestimmten Interesse verdankt. Der Verzicht auf angenommene Zusätze ist sparsamer und vernünftiger, weil weniger spekulativ.

Gegen die, die Möglichkeit einer Wiederheirat eröffnende Ergänzung spricht weiter, dass hier eben doch eine Einschränkung des unbedingten und von Jesus neu ans Licht gebrachten Willens Gottes zur Unauflösbarkeit der Ehe durch Jesus selbst geschehen würde. Schließlich darf man Jesus nicht das Interesse unterstellen, in einem Disput[70], in dem er sich gegen die Scheidung und die allgemeine Scheidungspraxis wendet Scheidung zu legitimieren. Selbst die Ausnahmeformel mit ihrem Zugeständnis eines in bestimmten Fällen nicht gegebenen Ehebruches durch Scheidung steht ja noch unter der Fundamentalaussage: „Ich hasse Scheidung" (Mal 2,15), mit den Worten Jesu: Was Gott zusammengefügt hat, soll der Mensch nicht scheiden (Mt 19,6).

Grundsätze für die Auslegung:
- So wenig Zusätze wie möglich
- So wenig Hypothesen wie möglich
- Den Kontext beachten
- Was sagen die Parallelen bzw. verwandte Aussagen?
- Was ist – bei allen Fragen im Detail – im Grundsatz klar und eindeutig?

Last but not least: Die Parallele in Markus 10,11f. formuliert ebenfalls unbedingt und eröffnet keine irgendwie geartete Möglichkeit zur Scheidung. Das passt am besten zu einem Verständnis unserer Stelle, das die Unzuchtsklausel nicht als Eröffnung einer Möglichkeit von Scheidung und Wiederheirat versteht, sondern diese als Erklärung dessen begreift, was sich eigentlich von selbst versteht: wenn eine Ehe bereits durch *porneia* gebrochen ist, kann ich sie nicht ein weiteres Mal bzw. erstmalig durch eine Wiederheirat bzw. durch Nötigung der Entlassenen zur Wiederheirat brechen.

(6) Für die zu suchende seelsorgerliche und pastoraltheologische Lösung der Herausforderungen, die im Zusammenhang des Begehrens von Scheidung und Wiederheirat auf christliche Gemeinden zurzeit verstärkt zukommen, ergeben sich hier wich-

---

[70] Disput: Streitgespräch.

tige Weichenstellungen und zentrale Hilfestellungen:

Wegweisendes zum Verhältnis von Theologie (Lehre) und Seelsorge (praktischer Orientierung)

1. „Das Jesuswort aus Matthäus 19 ist kein Gesetz, das Ehescheidung *grundsätzlich* verbietet, sondern ein Ruf zur Umkehr an die, die Gottes gute Ordnungen verlassen haben.“[71]
2. Seelsorge kann und darf und braucht nicht ausgespielt zu werden gegen den ursprünglichen, guten, weiter geltenden, aber im Konflikt mit einer unheilen Welt stehenden Willen Gottes.
3. Theologie, auch und gerade Pastoraltheologie und Seelsorge(lehre), darf auch die „traurigen Realitäten“ als theologische Faktoren ernst nehmen. Schon das „alttestamentliche“ Gesetz „trägt bereits das Zeichen, daß Gott auf eine wirkliche Erfüllung seines Willens seit der Sintflut verzichtet hat.“[72] Und Jesus rechnet ebenfalls damit, dass es in dieser gefallenen Welt nicht „1:1“ durchzusetzen und umzusetzen ist.
4. Wenn eine Ehe wegen *porneia* zerbrochen ist, dann ist eine Scheidung nicht auszuschließen.
5. Es gibt Not-Fälle, die Not-Reaktionen erforderlich machen.
6. Diese müssen aber als solche erkennbar und benennbar sein.
7. Ob porneia nicht nur die Entlassung/Scheidung rechtfertigt, sondern auch die Wiederheirat, muss exegetisch offen bleiben –, ist zumindest sehr fraglich.[73]

---

71 Espey, a. a. O., S. 3.

72 Rienecker, Matthäus, S. 260.

73 Vgl. zu dieser hier offen bleibenden Frage die weitergehenden Überlegungen unter V a). Stein (Art. Divorce, S. 195f.) versucht, semantisch dafür zu plädieren, dass der Scheidebrief und damit die Scheidung das Recht zur Wiederheirat beinhalte: „The essential part of the Jewish bill of divorce consisted of the words ‚You are free to marry any man‘ (Sit. 9,3)“. Diese jüdische Bedeutung von Scheidung „fits well with Paul's

d) Perspektiven für Wiederheirat in 1. Korinther 7 und Matthäus 5,32;19,9?

Was sagen Jesus und Paulus zum Thema Wiederheirat?

14. Im Grundsatz gilt:

- *Da Ehe immer eine unauflösbare Verbindung ist, kommt eine Wiederheirat als neue Eheschließung erst in Frage, wenn der Partner gestorben und die eingegangene Ehe durch den Tod aufgelöst worden ist (1Kor 7,39f; Röm 7,2f.).*
- *Wiederheirat, solange der geschiedene Partner lebt, ist nur dann nicht Ehebruch, wenn die Ehe bereits zerbrochen ist. Ob Jesus Wiederheirat in Matthäus 5,32;19,9 legitimieren und als Möglichkeit einräumen will, ist mindestens fraglich.*
- *Wenn Ehe nicht mehr gelebt werden kann, etwa weil der Partner kein Christ ist, dann bietet sich*

Die am meisten diskutierten Bibelstellen:
- Matthäus 5,32; 19,9
- 1. Korinther 7,10–16+39f.
- Römer 7,2f.

---

general view". Stein beruft sich also auf das zeitgenössische Judentum und Paulus. Zu Ersterem ist zu sagen, dass Jesus sich ja gerade darum bemüht, die Semantik/Bedeutung von Scheidung zu ändern, und dass er sich aus diesem Grunde extrem kritisch zum Begriff von Scheidung verhält. Dass Scheidung die Freiheit zur Wiederheirat gerade nicht einschließt – jedenfalls nicht für Jesus – zeigt aufs Deutlichste Matthäus 19,9: dass er nicht nur von der Entlassung der Frau spricht, sondern auch – in einem zweiten, zusätzlichen Schritt – von der Wiederheirat, zeigt ja, dass er zwischen beiden Vorgängen unterscheidet und offenbar Scheidung nicht automatisch Wiederheirat beinhaltet. Noch deutlicher ist Matthäus 19,9c: „Wer eine Entlassene heiratet, begeht Ehebruch." Wenn die Entlassung als solche die legitime Möglichkeit zur Wiederheirat beinhalten würde (free to marry), wäre dieser Satz nicht möglich.

Der andere Gewährsmann für Stein ist Paulus. Aber gerade Paulus unterscheidet ja ausdrücklich zwischen Scheidung und Wiederheirat. 1. Korinther 7,11 wird ja gerade für die Geschiedene die Wiederheirat ausdrücklich ausgeschlossen: „Wenn sie aber doch geschieden ist, so bleibe sie unverheiratet." Die Aussage von 1. Korinther 7,2 wird eben in den folgenden Versen ausdifferenziert. Wenn Stein (und andere) 1. Korinther 7,9 als allgemeine Legitimation für eine Wiederheirat verstehen, dann reißt er a) diesen Vers nicht nur aus dem Zusammenhang, sondern muss sich b) auch fragen lassen, was sich denn sonst noch alles an Verhaltensweisen – etwa für Singles, oder Ehepartner von Behinderten – ableiten und legitimieren ließe, wenn das der Grundsatz wird: „It is better to marry than to be aflame with passion" (1Kor 7,9; vgl. Stein, ebd., S. 198).

der Weg der Trennung an, der die Versöhnung offen hält (vgl. 1Kor 7,10–16).

- *Wiederheirat verschließt den Weg zurück in die (erste) Ehe. Ehebruch bricht in eine gegebene Ehe ein, zerbricht sie, kann sie aber dennoch nicht auflösen im Sinne von: ungeschehen machen. Darum darf selbst eine Geschiedene, die zur Sicherung ihrer Existenz auf eine Wiederheirat angewiesen wäre, nicht erneut heiraten. Denn die Ehe mit einer solchen Entlassenen wäre Ehebruch (Mt 5,32;19,9).*[74]

(1) In Matthäus 5,32 und 19,9 werden im Sinne und Stil schriftgelehrter Kasuistik[75] verschiedene Szenarien angesprochen und durchgedacht:

Wiederheirat ist Ehebruch

1. Die Eheschließung mit einer Entlassenen ist als Wiederheirat einer Entlassenen Ehebruch: Wer eine Entlassene heiratet, also eine Frau, die selbst verheiratet war (und es in einem gewissen Sinne immer noch ist (vgl. Matthäus 19,6), begeht Ehebruch (19,19b). Wiederheirat ist Ehebruch.

Scheidung, die zur Wiederheirat zwingt, ist Ehebruch

2. Die um des eigenen Überlebens willen aus wirtschaftlichen Gründen notwendige Wiederheirat einer Entlassenen ist Ehebruch des Entlassenden: Wer eine Frau entlässt und sie dadurch dazu zwingt, eine neue Ehe als wirtschaftliche Existenzgrundlage einzugehen, provoziert eine Wiederheirat seiner Frau und begeht damit selber Ehebruch (Mt 5,32), sprich: er verhält sich so, dass er den Ehebruch seiner Frau verursacht und sich in diesem Sinne des Ehebruchs schuldig macht.
3. Wiederheirat eines geschiedenen Mannes ist Ehebruch – unabhängig von der Frage, ob die

[74] Heute kann evtl. auch ein Mann in eine entsprechende Notsituation kommen.

[75] Kasuistik: Ethisches (und juristisches) Verfahren: Was richtig ist, wird nicht in Form eines allgemeinen Grundsatzes festgelegt, sondern für jeden einzelnen Fall (lat. casus) bestimmt.

neue Ehefrau ledig ist, s. (1). Die Wiederheirat eines Mannes, der seine Frau entlässt, ist Ehebruch (Mt 19,9a) –, es sei denn, diese Ehe ist durch den Ehebruch schon zerbrochen.

(2) Bemerkenswert ist, dass (a) weder in irgendeiner Weise positiv die Möglichkeit einer Wiederheirat angesprochen oder gar bestimmt wird. Diese wäre doch – mindestens für die von der Fürsorge eines Mannes abhängigen Frauen – ein Desiderat[76]; bemerkenswert ist weiter, dass (b) Jesus im Gegenteil vom ganzen Argumentationsgefälle (im Gegenüber und in Kritik an rabbinischer Praxis und Theorie) und von der Kasuistik her die Unauflösbarkeit der Ehe unterstreicht, und dass (c) auch der Sachverhalt einer getrennten und gestörten Ehe-Beziehung Wiederheirat nicht legitimiert.

Bemerkenswert:
- Die Möglichkeit einer Wiederheirat wird nicht diskutiert
- Jesus unterstreicht die Unauflösbarkeit der Ehe
- Auch Trennung und Störung einer Ehe legitimieren eine Wiederheirat nicht

Die Ehe-Bindung ist so stark und wird von Jesus so stark gewichtet, dass er als autoritativer Interpret des Gottesrechtes die Wiederheirat einer Entlassenen, die doch darauf angewiesen wäre, als Ehebruch ausschließt. („Wenn es so steht, ist es nicht ratsam zu heiraten!" [Mt 19,10] kommentieren die Jünger.) Die Entlassene bleibt durch ihre Eheschließung trotzdem an ihren Mann gebunden. Eine Scheidung, die sie von ihrem Mann und von der eigenen Ehe befreite, ist nicht denkbar (vgl. Röm 7,1f.6). Eine erneute, also *Wieder*-heirat wäre Ehebruch.

(3) Bemerkenswert und Anlass zu einer von humanistischem Denken motivierten Kritik[77] an Jesu

---

[76] Desiderat: Etwas, das fehlt und das wünschenswert ist.

[77] „Leider hat es wohl auch Jesus an diesem Punkt [Frage der Scheidung] nicht abgelehnt, ‚Fragen des Herzens mit Hilfe von Gesetzen zu ordnen', sondern sehr entschieden einen Grundsatz ausgerichtet. Von diesem Grundsatz ist die landläufige protestantische kirchliche Praxis, in der es für mehrmalige kirchliche Trauungen keine Grenze zu geben scheint, weit entfernt. Unser Text ist heute bemerkenswert unmodern und steht quer in einer Landschaft, die einerseits von individueller Verwirklichung und vom Experimentieren mit neuen Formen des Zusammenlebens, andererseits von Eheschwierigkeiten und hohen Scheidungsraten geprägt ist." Auch an die Texte

Heirat begründet ein neues Sein; deshalb ist Wiederheirat nicht möglich

Einstellung ist der Sachverhalt, dass Jesus in diesem Zusammenhang die Schuldfrage nicht stellt, also offenbar ein ontischer[78], seinsmäßiger, nicht moralischer Sachverhalt vorliegt und dieser die Unauflösbarkeit der Ehe wie die Unmöglichkeit einer Wiederheirat begründet. Wer eine Entlassene heiratet, begeht Ehebruch. Das heißt doch: *Die Entlassene darf nicht geehelicht werden* (Mt 5,32), ganz gleich, ob sie schuldhaft oder – das war Gegenstand heftiger Debatten im rabbinischen Judentum – nur aus vordergründigen Motiven den Scheidebrief erhielt. Die Frage, ob ihre Ehe durch Ehebruch zerstört worden ist oder nicht, ist offenbar und bezeichnenderweise nicht von Belang. Wer eine Entlassene heiratet, begeht Ehebruch (Mt 5,32). Wiederheirat – zumindest der Frau – ist unbedingt und in jedem Fall Ehebruch, ein Zerbrechen der Ehe – ganz gleich ob Ehebruch die Entlassung und Trennung der Beziehung verursacht hat.

Wenn die Ehe nicht mehr lebbar ist:
- Trennung: Ja
- Scheidung und Wiederheirat: Nein

(4) Es kann sein, dass eine Ehe für einen Christen nicht mehr lebbar ist. In 1.Korinther 7,10ff. diskutiert Paulus den Fall, dass einer der Ehepartner Christ geworden ist, der andere aber eben (noch) kein Christ ist. Selbst für den Fall der unter diesen Umständen eingeräumten Möglichkeit einer Scheidung (vgl. 7,15) soll die Trennung aber dergestalt

---

sind „sachkritische Fragen zu richten: Nimmt Jesus die soziale und psychische Situation der Menschen seiner Zeit – ich denke in erster Linie (…) an die der geschiedenen Frauen – wirklich ernst? (…) Hat Jesus wirklich die Ehe von dem her, was für ihn das Zentrum war, nämlich von der Liebe Gottes zu allen Menschen, gerade auch den benachteiligten Frauen, durchdacht?" (Ulrich Luz: Das Evangelium nach Matthäus, Zürich/Düsseldorf/Neukirchen-Vluyn 1997, EKK I,3, S. 100–102).

Wenn aber schon ökonomische, ja existentielle Gründe kein Argument für die Wiederheirat (einer entlassenen Frau) sein können –, um wie viel mehr muss das Nein Jesu zur Möglichkeit einer Wiederheirat unter Umständen ins Gewicht fallen, die Frauen nicht in vergleichbarer Weise von einer Ehe abhängig sein lassen?!

[78] Ontisch: von der Wirklichkeit selbst gegeben, nicht bloß eine (ethische) Forderung.

sein, dass der Weg zur Wiederversöhnung offen bleibt.

(5) Bezeichnend ist, wie Paulus in 1. Korinther 7,10–16 argumentiert. Zunächst stellt er unter Bezug auf ein Herrenwort als höchste Autorität heraus, „dass eine Frau sich nicht vom Mann scheiden lassen soll" (7,10). Das ist der Grundsatz, der Gültigkeit besitzt und Norm ist für die weiteren Reflexionen. „Es gibt da, wo der Herr gesprochen hat, für die Christenheit keinen Raum zu Erwägungen; damit ist ihr gesagt, was sie zu tun hat."[79] Das heißt:

1. Wenn sie schon geschieden ist, soll sie nicht wieder heiraten, damit – so darf man interpretieren – durch die Wiederheirat der Weg in die alte Ehe nicht versperrt ist. Offenbar, so muss man voraussetzen, hat diese in sich und als solche auch nach einer Scheidung noch Wert, Bedeutung und also in einer gewissen Weise Bestand. Sonst wäre es ja nicht sinnvoll und von Bedeutung, in sie zurückzukehren. Scheidung löst also offenbar die Ehe nicht ganz und gar auf, sondern nur die faktische Lebensgemeinschaft (s. u.).
2. Vers 12ff. behandeln den Fall, in dem „die Gemeinsamkeit des Lebens nicht durchführbar"[80] ist. Selbst für den Fall der Mischehe plädiert Paulus für den Bestand der Ehe: „Selbst in Mischehen lebende Christen sollen ihre Ehen mit einem heidnischen Partner nicht auflösen"[81]. Noch hier wirkt die Weisung Jesu nach. Freilich, wenn der heidnische Partner die Scheidung will, ist der christliche Partner nicht auf Biegen oder Brechen an dieses Gebot gebunden. Der Bruder oder die

> Entscheidend ist: Der Weg zur Wiederversöhnung muss offen bleiben

> Paulus orientiert sich an Jesus, dem Herrn

> Wer schon geschieden ist, soll nicht durch Wiederheirat den Weg in die ursprüngliche Ehe verbauen

> Scheidung ist nur dann erlaubt, wenn der ungläubige Ehepartner sie betreibt

---

[79] Schlatter: Die Korintherbriefe. Erläuterungen zum Neuen Testament Bd. 6, Stuttgart 1965, S. 221.

[80] Schlatter, a. a. O.: S. 221.

[81] Wolfgang Schrage: Der erste Brief an die Korinther, (EKK VII,2) Teilband 2, 1. Korinther 6,12–11,16, Solothurn/Düsseldorf/Neukirchen-Vluyn, 1995, S. 113.

Legitimiert
1. Korinther 7,15
die Wiederheirat?

Schwester ist in solchen Fällen nicht (an die häusliche Gemeinschaft des Wohnens, vgl. 7,12ff.) gebunden[82]. Freilich, nicht zum Scheiden, sondern zum (Ehe-)Frieden, also zum Bestand der Ehe hat uns Gott berufen[83]. Für Paulus ist klar: Hier handelt es sich um einen schwer einzuschätzenden Grenzfall. Für ihn hat er kein spezielles Wort des Herrn. So muss er auf der Basis des grundsätzlichen Herrenwortes zur Frage der Scheidung auf Grund eigener Reflexion eine Entscheidung treffen (7,12). Klar ist: Weder die angebliche Unheiligkeit des nicht gläubigen Partners

---

[82] Man hat immer wieder erwogen, wie das „nicht gebunden" zu verstehen ist. Im Westminster-Bekenntnis (29,5) wird die Gemeinde angehalten. sich so zu verhalten, als ob der an der Scheidung schuldige Teil tot wäre: „Im Falle von Ehebruch nach der Heirat ist es dem unschuldigen Teil erlaubt, eine Scheidung zu erwirken und nach der Scheidung einen anderen zu heiraten, als ob der schuldige Teil tot wäre." (Das Westminster-Bekenntnis von 1647, in: Bekenntnisse der Kirche. Bekenntnistexte aus zwanzig Jahrhunderten, hg. von Hans Steubing (u. a.), Wuppertal 1970, [207–237], S. 230. In der Sache ähnlich argumentiert schon Martin Luther: „Über die Gewalt und den Primat des Papstes" (1537), S. 77).
Paulus würde dann hier gesagt haben, der christliche Ehepartner sei nicht nur frei von der Notwendigkeit, diese Ehe fortzuführen und also frei zu einer Trennung/Scheidung, sondern auch frei für eine neue Beziehung. Zur Begründung kann dann noch auf eine ähnlich klingende Aussage des Paulus Römer 7,2 hingewiesen werden (vgl. die Wiedergabe der verschiedenen Positionen bei Schrage, 1Kor 116ff.): Die verheiratete Frau ist durchs Gesetz an den Mann gebunden, so lange er lebt. Geht es dann hier, in 1. Korinther 7,15, um die Befreiung, das nicht mehr Geknechtet-Sein durch das Gesetz (vgl. auch 1Kor 7,39)? – Gegen diese Interpretation spricht: (1) Paulus spricht in 1. Korinther 7,15 nicht von „gebunden" (*deo*), sondern von „geknechtet" (*douloo*). – (2) Außerdem „steht nicht das Rechtsverhältnis zur Debatte, zumal es viele formlose, ohne Ehevertrag geschlossene Ehen gab." (Schrage, S. 110). – (3) Die Frage, die hier als offen diskutiert wird: schließt das „nicht geknechtet sein die Freiheit zur Wiederheirat ein?", hat der Text bereits beantwortet. Spekulationen erübrigen sich. Vers 11 heißt es: „Wenn sie aber doch geschieden ist, so bleibe sie unverheiratet." Scheidung ist möglich, Wiederheirat nicht.

[83] Vgl. Schrage, S. 111.

noch die angebliche Unreinheit der Kinder einer solchen Mischehe wären Gründe für eine Scheidung; vielmehr soll die eheliche Gemeinschaft aufrechterhalten werden, wenn der nichtchristliche Partner dem zustimmt. Falls er aber die Scheidung will, kann man dagegen sowieso nichts machen: *Wenn aber der Ungläubige sich scheidet, so scheide er sich* (7,15a). In diesem Fall ist der christliche Partner nicht an die eheliche Gemeinschaft gebunden und auch das Verbot der Scheidung durch Jesus kann ihn in diesem Fall nicht binden. *Aber* (Paulus argumentiert hier adversativ[84]), der Friede, Shalom, die Intaktheit der Beziehung, sprich der Ehe, um die es geht, ist der Wille Gottes; diese Ehe ist die Wirklichkeit, in die er hinein*berufen* hat.

Wer diese Argumentation übersieht, bemerkt sofort, dass wohl die Frage der ausnahmsweisen Aufhebung der Lebensgemeinschaft mit einem Nicht-Christen, in keiner Weise aber die Frage der Möglichkeit einer Wiederheirat das Thema der paulinischen Urteilsbildung ist. Wo es um diese geht – in 7,11;7,39 –, da betont Paulus vielmehr den Wert der einmal geschlossenen Ehe, die nach Möglichkeit restituiert[85] werden soll (7,11), an der man nach Möglichkeit auch im Fall der Mischehe festhalten soll (7,13) und die gültig ist bis zum Tod eines der beiden Partner (7,39f.). Über allem steht der Grundsatz der Unauflösbarkeit der Ehe, wie ihn das Scheidungsverbot Jesu aussagt, das jede Wiederheirat ohnehin logisch ausschließt.

> Auch für Paulus gilt:
> Die ausnahmsweise Aufhebung der Lebensgemeinschaft bedeutet nicht Rechtfertigung einer Wiederheirat

3. Wie eine Klammer um die Argumentation, die am Ende noch einmal zum Anfang zurückführt, wirkt 1. Korinther 7,39f.: Eine Frau

> Für Jesus wie für Paulus gilt:
> Ein Partner ist gebunden, solange der andere Partner lebt

[84] Adversativ: widersprechend, einschränkend, die Argumentation umkehrend.

[85] Restituieren: wiederherstellen.

ist gebunden[86] so lange ihr Mann lebt. Das ist der exakte Sinn des Ehescheidungsverbotes Jesu. Wo eine Ehe (durch alles, was *porneia* ist) zerbrochen ist, bleibt nur die *Trennung*, die den Weg der Versöhnung offen hält (vgl. 1Kor 7,10ff.) und der Unauflösbarkeit der Ehe Rechnung trägt.

---

[86] Wenn Ph. Bachmann zu 1. Korinther 7,15 Luther zitiert und unterstellt, dass das Nicht-gebunden-/Nicht-geknechtet-Sein nicht nur die Scheidung, sondern auch die Wiederheirat einschließe, dann bleiben sowohl er als auch Luther angesichts der ausdrücklichen Weisung von Paulus in 7,11 und der mit ihr gegebenen Unterscheidung (Freiheit zur Trennung/ Scheidung, aber nicht Freiheit zur Wiederheirat) genau die Begründung für die sachliche Zusammenziehung von Scheidung und Wiederheirat schuldig (Luther: „Hier spricht der Apostel das christliche Gemahl los und frei, wo sein unchristlich Gemahl sich von ihm scheidet oder nicht vergönnen will, dass es christlich lebe, und gibt ihm Macht und Recht, wiederum zu freien ein ander Gemahl"; Luther sieht hier sogar die Legitimation für andere Formen von Wiederheirat: „Was aber von einem heidnischen Gemahl hier St. Paulus redet, ist auch zu verstehen von einem falschen Christen"; zit. Ph. Bachmann, Der erste Brief des Paulus an die Korinther, 2. Aufl. KNT, Bd. VII, hg. von Th. Zahn, Leipzig 1910, S. 275 Anm. 1).

Teil B
Ethische Urteilsbildung

V. Zusammenfassende Wertungen und Klärungen

a) Von der (Un-)Möglichkeit der Wiederheirat

Wird in Matthäus 19,9 nicht doch indirekt Wiederheirat zugelassen?

15. Man kann erwägen, ob Matthäus 19,9 die Legitimität der Wiederheirat indirekt aussagt: Ist eine Wiederheirat nicht dann möglich, wenn die Ehe durch Ehebruch bereits zerbrochen ist? Umgekehrt sprechen der Zusammenhang von Matthäus 19 und das Argumentationsgefälle gegen eine Deutung, die hier die Wiederheirat in irgendeiner Weise legitimiert sieht. Theologische, anthropologische, psychologische und seelsorgerliche Argumente stärken die Auffassung, dass eine Ehe grundsätzlich unauflösbar ist und auch weiter besteht, wenn die faktische Lebensgemeinschaft aufgehoben ist.
Eine schriftgebundene Theologie wird angesichts dieses schwierigen Befundes keine Eindeutigkeit behaupten können und in falscher Sicherheit ethisch binden wollen; sie wird aber mit Nachdruck auf die erkennbare Mitte des Willens Gottes als Verheißung für unser Leben verweisen.

Was ergibt sich aus diesen Erörterungen für die Möglichkeit der Wiederheirat?

Es gibt keine einzige Bibelstelle, die die Möglichkeit von Wiederheirat definitiv bejaht

Jesus betont die Unauflösbarkeit der Ehe

(1) Im Hinblick auf die einschlägig genannten thematischen biblischen Zusammenhänge Matthäus 5,32;19,9f.; 1. Korinther 7,14f. zeigt sich, dass die Legitimität von Wiederheirat durch sie nicht gezeigt werden kann. Es gibt keine einzige Bibelstelle, die die Möglichkeit von Wiederheirat ausdrücklich und definitiv bejaht. Wir stehen vielmehr vor dem Sachverhalt, dass die von Mose nicht bejahte aber eingeräumte Möglichkeit einer Scheidung („Scheidebrief") von Jesus zurückgenommen wird. Scheidung ist aber Voraussetzung von Wiederheirat. Jesus ruft

zu dem ursprünglichen und gültigen Willen Gottes zurück: der Unauflösbarkeit des Ehebundes. Diese gilt unbedingt. „Nach der Schöpfungsordnung Gottes und in der Heilsordnung Christi ist … die Ehe unauflöslich und infolgedessen die Wiederverheiratung eines Geschiedenen unerlaubt.“[87] Auch wenn nach Matthäus 19,9 die Scheidung dann nicht Ehebruch bedeutet, wenn der Partner durch sein Verhalten (porneia) bereits die Ehe zerbrochen hat, ist doch klar, dass die Auflösung einer Ehe (ganz gleich, wie sie geschieht) gegen den Willen Gottes ist.

Jesus ruft zurück zum ursprünglichen Schöpferwillen: Was Gott zusammengefügt hat, soll der Mensch nicht scheiden

(2) Traditionell wird zur Begründung der Möglichkeit von Wiederheirat immer wieder auf 1. Korinther 7,14f. verwiesen. Wir sahen: 1. Korinther 7,14f. spricht nicht von *Wiederheirat*, sondern erläutert Möglichkeiten der *Scheidung*. Das ist ein entscheidender Unterschied. Die Erörterungen stehen darüber hinaus in einem Zusammenhang, in dem auch Paulus im Anschluss an Jesus die Unauflösbarkeit der Ehe ausdrücklich betont. Eine Freigabe für Wiederheirat (das so genannte *Privilegium Paulinum*) konnten wir hier nicht begründet sehen. Das Ja zur Scheidung bzw. Trennung schließt bei Paulus das Ja zur Wiederheirat nicht ein (vgl. 7,11), so nahe liegend diese für christliche Partner gewesen wäre. Paulus betont vielmehr im gegebenen Kontext der Diskussion von Scheidung und Trennung das Herrenwort (7,10) und das Wort der Tora (vgl. 7,39f. mit Röm 7,2) über die Unauflösbarkeit der Ehe als Eckpunkte seiner Argumentation.

1. Korinther 7,14f. erläutert nicht die Möglichkeit der Wiederheirat, sondern der Scheidung

(3) Dass Scheidung die Ehe nicht ganz und gar auflöst und nicht einfach den Weg in eine neue eröffnet, zeigt sich in 1. Korinther 7,11 auch darin, dass die Geschiedene unverheiratet bleiben soll, damit der Weg zur Versöhnung offen bleibt und nicht durch eine neue Ehe verstellt wird. Käme der alten, aber doch geschiedenen Ehe keinerlei Bedeutung (mehr) zu, wäre eine solche Maßgabe nicht

Die Geschiedene soll unverheiratet bleiben und nicht wieder heiraten, damit sie frei bleibt für ihren ersten Ehepartner

[87] Rienecker, Matthäus, S. 261.

nachvollziehbar. Sinn hat sie nur, wenn die Ehe auch nach der Scheidung eine Größe eigener Art ist und d. h. doch in gewisser Weise fortbesteht.

Selbst die Wiederheirat einer auf eine Ehe angewiesenen Frau wird als Ehebruch qualifiziert

Besonders nachdenklich macht der bezeichnende Sachverhalt, dass Jesus Matthäus 5,32 selbst die Eheschließung mit einer entlassenen Frau, die ja nach Lage der Dinge für ihr Überleben genau auf eine solche Wiederheirat angewiesen ist, als Ehebruch bezeichnet und damit Wiederheirat gerade nicht legitimiert, sondern als Tun gegen den Willen Gottes qualifiziert.

Die Unzuchtsklauseln sind in sich nicht völlig eindeutig interpretierbar

(4) Die Unzuchtsklauseln in *Matthäus 5,32 und 19,9* sind in sich nicht eindeutig interpretierbar. Wenn wir die Aussagen isoliert betrachten, muss offen bleiben, ob sie die Möglichkeit und Legitimität der Wiederheirat unter bestimmten Umständen beinhalten.

Was bereits kaputt ist, kann nicht noch zerbrochen werden. Wenn die Ehe durch *porneia* bereits zerstört ist, wird sie nicht erst durch Scheidung und Wiederheirat zerbrochen

Für eine solche Auslegung spricht: Jesus hält die Entlassung einer Frau und eine nachfolgende Wiederheirat für Ehebruch – es sei denn, so die Unzuchtsklausel, dass *porneia* vorliegt; wir haben interpretiert: es sei denn, die Ehe ist ohnehin schon zerbrochen. Was kaputt ist, kann nicht noch kaputtgehen. Was bereits zerstört ist, wird nicht erst durch einen bestimmten Akt zerstört. Wenn die Ehe – durch *porneia* – bereits zerbrochen ist, so kann sie durch eine Scheidung und Wiederheirat nicht erst kaputtgehen. In diesem Falle ist klar: Wiederheirat ist nicht (erst der) Ehebruch. Es ist freilich ebenso klar: Schon die Scheidung ist Sünde, Handeln gegen den ursprünglichen Willen Gottes –, wie viel mehr dann eine Wiederheirat, die Scheidung voraussetzt!

(5) Fraglich ist freilich, ob das bedeutet: Wiederheirat ist unproblematisch; ihr steht nichts mehr im Wege, weil ja die alte, einmal eingegangene Ehe ganz und gar aufgelöst ist:

Wer Kontext und Argumentationsgefälle von Matthäus 19,9, vor allem aber von Matthäus 5,32 beachtet, erkennt, dass es Jesus ja gerade nicht um die Klärung der Legitimität von Scheidung und

Wiederheirat und damit um eine weitere potentielle Schwächung des ohnehin durch die schriftgelehrte Theorie und Praxis schon gefährdeten Instituts der Ehe ging. Die Intention Jesu ist es nicht, zu klären, unter welchen Umständen denn doch eine Wiederheirat legitim ist.

Nicht Jesu Ziel: zu erklären, wann Scheidung und Wiederheirat doch möglich sind

Jesus ruft ja ausdrücklich zu dem ursprünglichen Willen Gottes zurück, und der begründet die Unauflösbarkeit der Ehe. Trennung und sogar noch Scheidung sind unter der Perspektive einer möglichen Versöhnung (und Rückkehr des entlassenen Partners, vgl. schon 5Mo 24,1–4; 1Kor 7,10f.) noch mit diesem Grundsatz vereinbar; eine Wiederheirat ist demgegenüber ein definitiver Schnitt und Schritt.

Allein Jesu Ziel:
- Aufrichtung der Herrschaft Gottes
- darum: Zurückrufen unter den guten, ursprünglichen Willen Gottes

Wenn Ehe bedeutet, einander anhangen und miteinander verbunden sein, dann ist – schon von der Logik des hier gewählten Bildes her – klar: Man kann die miteinander zu einer Einheit verbundenen Materialien zwar in zwei Teile zerbrechen, aber es ist nicht möglich, diese Einheit auseinander zu nehmen und die beiden ursprünglichen Bestandteile wieder sauber von einander zu trennen. Auch wenn die rechtliche Verbindung und die Gemeinschaft des Lebens im Alltag aufgelöst ist, lässt sich die Verbindung nicht einfach spurlos rückgängig machen.

Man kann eine eheliche Beziehung zwar zerbrechen; man kann eine Ehe aber nicht einfach restlos rückgängig machen

Wenn das „Ein-Fleisch-Sein“ (1Mo 2,24) nicht nur Ausdruck „innigster persönlicher geistleiblicher Gemeinschaft“ (Franz Delitzsch) ist, sondern Kennzeichnung einer besonders intensiven, die Blutsbande noch überbietenden Form von Verwandtschaft, dann ist auch durch diese Qualifikation, die Unüberholbarkeit von Ehe deutlich.

Ehe als Ein-Fleisch-Sein: Stärker und intensiver als Blutsverwandtschaft

Schließlich ist daran zu erinnern, dass auch die juridische Qualifikation der Ehe als *berit*, Bund die Unaufhebbarkeit der Ehe betont.[88]

---

[88] Im Kontext von Maleachi 2,16: „Ich hasse Scheidung“, finden wir die prophetische Qualifikation der Ehe als einem Bund, die dann bezeichnenderweise noch verbunden wird mit der zentralen Tradition der Tora, 1. Mose 2,24, dem Ein-Fleisch-

Ehe als *Bund*, von dem Gott sagt: Ich hasse Scheidung!

Theologisch besteht der Wille Gottes und – sehr wichtig – seine Verheißung für eine einmal geschlossene Ehe weiter, auch wenn diese zerbrochen ist. Diese Verheißung und die in der Versöhnung Gottes mit dem Menschen grundgelegte Kraft der Versöhnung zwischen Menschen erschließt Möglichkeiten der Neuschöpfung für eine Beziehung, die über das Vorstellungsvermögen der Betroffenen grundsätzlich hinausgehen.

Ein Eheversprechen stiftet eine neue Wirklichkeit

Anthropologisch ist ein Eheversprechen und entsprechend eine Eheschließung mehr als ein ethischer Akt. Er konstituiert (stiftet) neue Wirklichkeit, die man nicht einfach per Beschluss beseitigen kann. Indem sich die beiden Partner einander versprechen, „bis dass der Tod uns scheidet", stiften sie eine Beziehung, die sie auch dann noch bindet, wenn sie sie nicht mehr anerkennen.

Scheidung kann die neue soziale Wirklichkeit nicht ungeschehen machen

Wie wenig sich eine Ehe einfach ungeschehen machen lässt, zeigt sich allgemein anthropologisch vor allem an den Kindern, die eine Ehe hervorbringt, aber auch am materiellen und geistigen Besitz, den sie ermöglicht.

Das „Ein-Fleisch-Werden" und die daraus erwachsende Prägung lassen sich nicht rückgängig machen

Psychologisch und seelsorgerlich werden diese Sachverhalte vielfältig durch die Wahrnehmungen bestätigt, (a) dass der erste Partner und damit die erste Partnerschaft eine besonders prägende Bedeutung hat und das Bild des männlichen/weiblichen Partners in einer nur schwer zu verändernden, kaum zu „überschreibenden" Weise grundlegt, (b) dass der erste geschlechtliche Verkehr vor allem für die Frau, aber auch für den Mann von kaum zu überbietender seelischer Bedeutung ist – im positiven oder eben

---

Sein: Ihr fragt, weswegen sich der Herr euch nicht mehr zuwendet. Antwort des Propheten: „Deswegen weil der HERR Zeuge gewesen ist zwischen dir und der Frau deiner Jugend, an der du treulos gehandelt hast, wo sie doch deine Gefährtin ist und die Frau deines Bundes. Und hat er sie nicht zu Einem gemacht? Zu einem Fleisch, in dem Geist ist? … So hütet euch bei eurem Leben! Und an der Frau deiner Jugend handle nicht treulos. Denn ich hasse Scheidung, spricht der HERR" (Mal 2,14–16).

auch im negativen Sinne, (c) bei einer Wiederheirat der erste Partner die neue Beziehung „überschattet“, gleichsam mit im Boot sitzt und stiller – oder manchmal auch sehr lautstarker – Gesprächspartner bei vielen Beziehungsfragen ist. Die Beziehung, die durch eine Wiederheirat entsteht, baut nicht auf einer *tabula rasa* auf; die alte Beziehung kann ich nicht einfach wegwischen, wie ich die Kreidebuchstaben von einer Tafel beseitige. Dies ist vielleicht einer der Gründe dafür, dass schließlich (d) statistisch gesehen „Zweit-Ehen“ doppelt so oft scheitern wie „Erst-Ehen“.

Ehe lässt sich nicht auswischen; Scheidung und Wiederheirat schaffen keine *tabula rasa*

Hier geht es nicht um eine moralische Bewertung von Wiederheirat. Es soll freilich deutlich werden, dass die aus der Not geborene und gegebene und eingeräumte Möglichkeit von Scheidung nicht notwendig und zugleich die Legitimität der Wiederheirat begründet; dass es vielmehr eine Reihe von theologischen, anthropologischen, seelsorgerlichen und psychologischen Gründen gibt, die die biblische Sicht begründen und plausibel machen, dass die Ehe unauflösbar ist, selbst dann, wenn sie zerbrochen und – zurzeit – nicht mehr lebbar bzw. zumutbar ist.

(6) Für unseren Umgang mit der Heiligen Schrift gibt es mehrere Grundsätze, die wir in dieser schwierigen Situation beachten müssen:

- Wir müssen die „dunklen“ Bibelstellen von den „hellen“ her auslegen. Wenn bestimmte biblische Aussagezusammenhänge in sich nicht eindeutig sind, gilt es, (a) das Gesamtzeugnis der Bibel zu hören und (b) danach zu fragen, ob es nicht so etwas wie ein eindeutiges, konsensfähig feststellbares Aussagegefälle gibt.
- Wir dürfen keine Schein-Sicherheit erzielen wollen, wo eine sichere, überzeugende Auslegung eben nicht erreichbar ist.

Auslegungsgrundsätze, die uns leiten:
- Die dunklen Stellen von den hellen her verstehen
- Das Gesamtzeugnis der Bibel hören
- Keine Scheinsicherheit erzielen wollen

- Die Bibel nicht eindeutiger machen, als sie ist
- Die Bibel so respektieren, wie sie sich uns darstellt
- Das, was die Bibel uns zeigt, als verbindlich anerkennen

- Eine schriftgebundene Theologie wird sowohl darauf verzichten, die Bibel eindeutiger zu machen als sie ist, und genau die Gestalt respektieren und den Grad an Verbindlichkeit akzeptieren, den sie offenbar hat.
- Eine schriftgebundene Theologie wird auch dort ein sie bindendes Schriftzeugnis feststellen, wo die ihr in der Bibel begegnenden Aussagen Glaubenspraxis und Gemeindeleben in Frage stellen.

(7) Wir sehen:

- Von der Tora über Jesus bis hin zu Paulus betonen die zentralen biblischen Traditionen – in ihrer Mitte Jesus selbst – die Unauflösbarkeit der Ehe als Zentralsatz.
- Scheidung ist nicht legitim; sie wird nur für den Fall des vorher schon gegebenen Zerbruchs der Ehe als Grenzmöglichkeit eingeräumt.
- Die Perspektive einer Wiederheirat wird an keiner Stelle als eine positive Möglichkeit erörtert.

Das biblische Argumentationsgefälle in Sachen Scheidung und Wiederheirat ist völlig eindeutig

Die Gemeinde Jesu wird an diesem Argumentations- und Sachgefälle für ihre eigene ethische Urteilsbildung über die Verbindlichkeit der Ehe, den Raum für Scheidungen, den Vorteil bloßer Trennungen und den unwiderruflichen Schritt in eine Wiederheirat hinein nicht vorbeigehen können. Es ist zwar in sich vielfach ausdifferenziert[90], aber in sich ganz und gar eindeutig.

(8) Verantwortliche Gemeinde- und Kirchenleitung wird a) diese biblischen Sachverhalte einschärfen, b) im Hinblick auf Scheidung und Wiederheirat aber auch nicht die Gewissheit haben können, nur und in jedem Fall Nein sagen zu dürfen.

[90] Ausdifferenziert: vielfach unterschieden; durch viele Unterscheidungen gekennzeichnet.

Im Hinblick auf die Frage, wie Jesus zu Trennung und damit zu Scheidung und damit zu Wiederheirat steht, ergibt sich damit im Grundsatz – unabhängig von allen Einzelfragen der Exegese – doch eine klare Auskunft:

1. Jesus schärft für seine Jünger als Gottesvolk des neuen Bundes den anfänglichen, sprich grundsätzlichen Gotteswillen als verbindlich neu ein:
2. Der Wille des lebendigen Gottes in Fragen der Ehe, Ehescheidung und Wiederheirat lautet: Was Gott zusammengefügt hat, soll der Mensch nicht scheiden.
3. Wiederheirat ist damit in jedem Fall gegen den Willen Gottes, weil sie ein „Scheiden" dessen voraussetzt, was Gott zusammengefügt hat. Dieses „Zusammenfügen" geschieht durch den menschlichen Akt der Eheschließung.
4. Davon zu unterscheiden ist die Frage menschlicher Schuld: Wenn denn die Ehe von einem Partner bereits durch *porneia* zerbrochen worden ist, dann liegt bereits Ehe(zer)bruch vor. Eine Wiederheirat bedeutet in diesem Fall nicht selber erst den Ehe-Zer-Bruch, weil die Ehe bereits zerbrochen war.
5. Klar ist, dass eine Wiederheirat insofern über eine Trennung und Scheidung hinausgeht und einen neuen Sachverhalt auch gegenüber dem Ehe-Zer-Bruch des Partners begründet, als ein Weg zurück in die Ehe und das heißt eine Versöhnung mit dem Ziel der Rückkehr in den ursprünglichen Willen Gottes durch sie definitiv verbaut ist.

b) Verschiedene Formen der Auflösung der Ehe und ihre Bedeutung

Dem Begriff und der Sache nach müssen verschiedene Formen der Auflösung einer Ehe unterschieden werden

16. Zwischen Ehebruch, (Ehe-)Zerbruch, Trennung, Scheidung und Wiederheirat muss unterschieden werden.

Im Hinblick auf die Auflösung einer Ehe müssen verschiedene Formen und Grade unterschieden werden, um den unterschiedlichen biblischen Aussagen zu entsprechen und zu einer differenzierten ethischen Urteilsbildung zu kommen.

Scheidung und Trennung

Eine *Scheidung* setzt eine Trennung von Tisch und Bett voraus; eine *Trennung* hält aber anders als eine Scheidung die Möglichkeit der Versöhnung offen. Darum ist sie einer Scheidung vorzuziehen.

Scheidung und Wiederheirat

Eine *Wiederheirat* setzt eine *Scheidung* voraus; eine Scheidung legitimiert aber nicht als solche eine Wiederheirat. So kann Paulus in 1. Korinther 7,14f. unter bestimmten Gründen für die Scheidung einer Mischehe votieren, ohne aber damit schon einer Wiederheirat das Wort geredet zu haben. Die Scheidung kann also legitim sein –, im Falle von *porneia* und im Falle einer Ehe, in der der nichtchristliche Partner sich scheiden will und letztlich „des Evangeliums wegen die Ehe zerbricht"[91]. Gerade 1. Korinther 7,10f. zeigt, dass ein Ja zur Trennung nicht ein Ja zur Wiederheirat einschließt. Zwischen Scheidung und Wiederheirat ist zu unterscheiden. Scheidung eröffnet nicht als solche den Weg zur Wiederheirat.

Ehebruch, Trennung und Wiederheirat

Ein *Ehebruch* (*moicheia*) bricht in eine Ehe ein, legitimiert die Trennung, löst damit zwar – vor allem, wenn er andauert – die gelebte Beziehung von Mann und Frau auf (Trennung *a mensa et thoro*, von Tisch und Bett), nicht aber die geschlossene Ehe selbst. Das ist der Grund dafür, dass Paulus 1. Ko-

[91] Schlatter, Das Evangelium des Matthäus. Erläuterungen zum NT, Bd. 6, S. 87.

rinther 7,39f. allein den Tod des Partners als Bedingung der Möglichkeit neuer Verheiratung nennt. Ehebruch zerbricht also die Ehe als gelebte Lebensgemeinschaft, hebt aber weder Gottes Willen und Verheißung für diese Ehe noch die Bindung, die durch das Eheversprechen gegeben ist, auf.

Ehebruch und Ehe-Zerbruch

Ein *Ehebruch* muss in einer christlichen Ehe, die aus der Vergebung Christi lebt und auf seiner Versöhnung ruht, nicht notwendig zum (endgültigen) *Zerbruch* der Ehe führen. Vergebung und Versöhnung können vielmehr die Möglichkeit eröffnen, die nach Gottes Willen ja unauflösbare Beziehung zu erhalten. Für einen Christen bietet sich die wunderbare Perspektive, als neue Schöpfung (2Kor 5,17) den ursprünglichen Willen Gottes für die Schöpfung zu leben, dem lebendigen Gott damit die Ehre zu geben und dem zerstörerischen Wirken des *diabolos*[92] *zu widerstehen.*

c) Von der Unauflösbarkeit der Ehe

17. Wir fassen zusammen:

(1) Was Gott zusammengefügt hat

(1) Die Ehe ist ihrem Wesen nach unauflösbar. Was Gott zusammengefügt hat, kann und soll der Mensch nicht scheiden.

(2) Jesus schärft den Willen des Vaters ein

(2) Der Fürst des Lebens, der die Neue Schöpfung (vgl. 2Kor 5,15–17) stiftet, schärft genau diesen unbedingt geltenden und gegebenen Sachverhalt als den ursprünglichen und guten Willen Gottes ein und ruft seine Gemeinde zu ihm zurück.

(3) Scheidung – so wenig möglich wie Wiederheirat

(3) Scheidung ist darum grundsätzlich aus dem Wesen der Ehe heraus: von dem her, was Gottes Willen für die Ehe ist – ebenso wenig möglich wie eine Wiederheirat (so lange der Partner lebt).

[92] *Diabolos*, griechisch: Durcheinanderwerfer. Bezeichnung des Teufels (Mt 4,1.5.8.11;13,39; Lk 8,12; Joh 8,44).

(4) Mose und Jesus wissen um die Realität der Verkehrung von Ehe

(4) Wenn Mose um die „Herzenshärtigkeit“ des gefallenen Menschen weiß, dann weiß Jesus erst recht um die Möglichkeit der Perversion von Liebe, Sexualität und Beziehung und um Ehen, die auf Grund von *porneia* keine mehr sind.

(5) Scheidung ist dort real, wo die Ehe schon durch porneia zerbrochen ist

(5) Eine Scheidung ist dagegen dort in der Praxis real und insofern möglich, wo die Ehe der Ehepartner (1) faktisch – wegen *porneia* – schon zerbrochen ist oder (2) wegen des mangelnden Willens des nichtchristlichen Partners zu weiterem gemeinsamen ehelichen Leben nicht mehr durchführbar und zumutbar ist. Eine Wieder*heirat* ist dagegen Ehebruch; sie kann es *per definitionem* nicht geben, weil der Mensch nicht letztlich den Willen Gottes, wie er sich in einer konkreten Zusammenfügung offenbart, aufheben kann.

(6) Wann immer möglich: nicht Scheidung, sondern Trennung

(6) Wo keine Unzucht und damit kein Zerbruch der Ehe gegeben ist, ist der angemessene Weg nicht der der Scheidung, sondern einer Trennung, die den Weg zur Versöhnung offen hält und nach Möglichkeit sucht.

(7) Auch Jesus konfrontiert nicht steil mit einem Willen Gottes

(7) Jesus konfrontiert nicht unvermittelt mit einem nicht lebbaren Willen Gottes, sondern vermittelt diesen in eine Wirklichkeit hinein, die sich in einem – oftmals radikalen – Gegensatz zum Willen Gottes befindet.

(8) Jesu Haltung – Vorbild und Norm für uns

(8) Diese sich auf die gefallene und zerfallende Welt beziehende Art der Weisung Jesu ist von grundsätzlicher, exemplarischer Bedeutung für unser seelsorgerliches und pastorales Handeln heute.

d) Vergebung und neues Leben

Welche Bedeutung kommt der Vergebung zu?

18. Vergebung schafft neues Leben, indem sie das Gottesverhältnis des Menschen auf eine unerschütterliche Grundlage stellt. Jesus rechnet mit der umgestaltenden Kraft der Vergebung. Ein Leben aus der Versöhnung, die Christus gestiftet hat, vor Gott und in der Wahrnehmung der Liebe Gottes zu uns wird nur das eine Ziel haben: dem Willen des Vaters im Himmel im eigenen Leben maximal zu entsprechen – aus Liebe.

(1) Welche Bedeutung kommt nun der Vergebung zu? Erschließt sie nicht die Möglichkeit einer Wiederheirat als Möglichkeit eines neuen Anfangs?[93]

> Bedeutet Vergebung nicht: neu anfangen können – auch mit der Ehe? Heißt das nicht: Wiederheirat ist möglich?

(2) Die Sünde des Menschen, auch auf dem Gebiet von Geschlechtlichkeit und Partnerschaft, das Verlassen der guten Wege Gottes, das Zerbrechen der guten Ordnungen Gottes und die daraus resultierende Verlorenheit des Menschen ist zentraler Anlass für das Kommen Jesu.

(3) Jesu *Vergebung* betrifft nicht zuletzt auch verfehltes Handeln und Verstrickungen auf dem Gebiet von Sexualität und Partnerschaft. Der Menschensohn und Weltenrichter befreit von der Verurteilung durchs Gesetz und im Gericht. Die von ihm stellvertretend geleistete Sühne (vgl. Mk 10,45) und die durch die Sühne gestiftete Neuschöpfung (vgl. 2Kor 5,17) schenken neues Leben, vor allem ewiges Leben durch den Frieden mit Gott (vgl. Röm 5,1):

> Durch seine Sühne stiftet Jesus neues Leben und die Möglichkeit der Vergebung – auch von Sünden auf dem Gebiet von Beziehung und Geschlechtlichkeit

- Jesus, der Richter der Welt, verurteilt die auf frischer Tat ertappte und nach dem mosaischen Gesetz des Todes schuldige Frau nicht. Er schenkt ihr neues Leben und er erwartet dieses auch von ihr: Gehe hin und sündige hinfort nicht mehr! (Vgl. Joh 8,1–11).
- Er lässt sich die Nähe einer seine Gegenwart suchenden „großen Sünderin“ gefallen, eben weil sie seine Nähe sucht und in seiner Gegenwart offenbar eine andere wird (vgl. Lk 7,36–50, via. 7,47.50).

(4) Die spannende Frage lautet: Wie wirkt sich die gewährte und in Anspruch genommene Versöhnung mit Gott und Vergebung der eigenen Schuld kon-

> Wie wirkt sich Vergebung konkret aus?

---

[93] Vgl. neben diesen grundsätzlichen Erwägungen auch Teil C, Abschnitt X, d).

kret, etwa im Hinblick auf eine zerbrochene Beziehung aus?

> Vergebung heißt,
> - eine erneuerte Gottesbeziehung,
> - nicht Erlösung von, sondern Erlösung in unerlösten Verhältnissen

- Die Vergebung stellt das Gottesverhältnis des Menschen auf eine neue Basis und ermöglicht ihm ewiges Leben; sie nimmt den Menschen hinein in die Gottesherrschaft, die sowohl unbedingter Zuspruch des Heils wie auch unbedingter Anspruch Gottes auf unser ganzes Leben ist.
- Vergebung löst aber *nicht* einfach aus den schöpfungsmäßigen, „realen" Alltagsbedingungen *heraus*, in denen ein Mensch lebt; sie erlöst vielmehr *in* diesen unerlösten Verhältnissen.
  Vergebung löst dabei den geistgewirkten Wunsch aus, auch der neuen Schöpfung, dem neuen Sein entsprechend zu leben.
  Vergebung schenkt neues Leben, ermöglicht neues Leben und provoziert, ja produziert geradezu neues Leben –, bringt eine neue dem Gewicht der Vergebung entsprechende neue Lebensgestalt hervor (vgl. Lk 18,21–35).

> Dass Christen, die „in Neuheit des Lebens wandeln", scheitern:
> im neuen Bund die nicht vorgesehene Möglichkeit

(5) Dass dieses neue Leben selber erneut in Sünde fällt, dass jemand, der „in Neuheit des Lebens wandelt", selber erneut der Vergebung bedarf; mit anderen Worten: dass Christen, die aus der Vergebung und Liebe Gottes heraus leben, in ihrer Ehe scheitern; dass Christen, ausgerechnet Christen, den ihnen neu als Verheißung erschlossenen Willen Gottes für Mann und Frau nicht leben (können) –, das ist die nicht vorgesehene, die im Prinzip unmögliche Möglichkeit – gerade im neuen Bund.

(6) Die Möglichkeit einer Scheidung, geschweige denn einer Wiederheirat für Christen zu erwägen und für sie sogar eine Kasuistik, ein Regelsystem zu entwerfen, hieße – so gesehen – die Intention Jesu geradezu auf den Kopf stellen.

(7) Vergebung hat auch für unseren Zusammenhang einen zentralen Stellenwert:

- Sie ist es, die nicht etwa vom Tun des Willens Gottes abrogiert[94], sondern dieses Tun gerade ermöglicht.
- Vergebung hebt weder einen Ehebund auf, den jemand eingegangen ist, als er noch kein Christ war, noch löst sie eine Ehe auf, die Christen eingegangen sind.
- Vergebung hebt freilich die Sünde auf, die ein Verlassen des Partners, eine Scheidung (und eine Wiederheirat, die ja ein Verlassen des Partners und eine Scheidung voraussetzt) darstellen. Sie hilft Christen, mit ihrem Scheitern, das sie auch nach ihrer Umkehr zu Gott immer wieder realisieren müssen, fertig zu werden.
- Die Wahr-Nehmung der Vergebung: das Einsehen der so großen eigenen Schuld wie die Größe der Liebe Gottes, der sich nicht zu schade ist, sein Leben einzusetzen, damit unser Leben gelingt im Gegenüber zu ihm – die bewusste Wahrnehmung dieser Vergebung und Liebe kann und wird helfen, das eigene Leben nach dem Willen Gottes umzugestalten und ihm auch da Raum zu geben, wo uns das sehr schwer fällt.

Vergebung befreit nicht vom, sondern zum Tun des Willens Gottes

Vergebung hebt einen Ehebund nicht auf

Vergebung hilft, ein Leben nach dem Willen Gottes und unter seiner Verheißung zu führen

[94] Abrogieren: befreien von etwas; etwas als unnötig, nebensächlich erscheinen lassen.

VI. Ethische Urteilsfindung und seelsorgerliche Weisung

Ein Widerspruch?
- Ethik und Seelsorge
- Lehre und Barmherzigkeit

19. Heute werden vielfach – auch von evangelikalen Theologen – seelsorgerliche Gesichtspunkte geltend gemacht, die angeblich eine Anwendung der exegetisch begründeten ethischen Urteilsbildung nicht opportun[95] *sein lassen. Seelsorgerliche Orientierung wird gegen theologische Urteilsbildung, konkrete Barmherzigkeit gegen abstrakte Ethik ausgespielt.*

Verbindliche Orientierungshilfe – eine Barmherzigkeitstat erster Güte

Demgegenüber zeigt sich, dass schon die verbindliche ethische Orientierung als solche ein seelsorgerlicher Faktor allererster Güte darstellt; dass Jesu Weisungen bereits auf unsere Wirklichkeit der Sünde bezogen sind; dass schließlich niemand barmherziger sein kann als Jesus selbst.

a) Ethik contra Seelsorge?

Verbietet die Ethik, was seelsorgerlich geboten ist?

(1) Ethische Orientierung und seelsorgerliche Hilfestellung werden oft in Spannung zueinander oder gar als Gegensätze gesehen. Verbietet die Ethik, was seelsorgerlich geboten ist? Muss der Seelsorger erlauben, was der schriftgebundene Ethiker nur ablehnen kann? Steht hier nicht trockene theologische Theorie gegen erbarmende, nach Barmherzigkeit verlangende Lebenswirklichkeit?

Ethik und Seelsorge müssen unterschieden, können aber nicht getrennt werden

(2) Ethische Urteilsfindung und seelsorgerliche Hilfestellung müssen wohl unterschieden, können aber nicht getrennt werden. Die Erstere geschieht zum Zweck der Letzteren. Letztere, also die seelsorgerliche Hilfestellung, kann daher nicht einfach ein prinzipielles Sonderrecht für sich beanspruchen, wenn sie nicht ihren Anspruch aufgeben will, sich

95 Opportun: günstig, angebracht, von Vorteil.

schriftgebundener, offenbarungsbezogener Theologie zu verdanken.

(3) Ethische wie seelsorgerliche Theoriebildung darf nicht von Extremfällen ausgehen und an ihnen ihre Normativität gewinnen.

Nicht von Extremfällen ausgehen!

(4) Der barmherzigste Seelsorger darf nicht beanspruchen, barmherziger als der lebendige Gott: barmherziger als Jesus – sein zu wollen. Liegt die größere Barmherzigkeit nicht manchmal in einer deutlichen Weisung, die einen unbedingt zu gehenden Weg weist und in großer Klarheit Alternativen als nicht verantwortbar verschließt? Wenn Jesus in großer Eindeutigkeit die Unauflösbarkeit der Ehe vertritt und schon der entlassenen, damals wirtschaftlich viel bedrängter lebenden Frau die Perspektive der Wiederheirat verschließt, dann formuliert er den Willen Gottes angesichts menschlicher Not und nimmt damit sogar den Vorwurf der Unbarmherzigkeit[96] und der fehlenden Praktikabilität und Lebbarkeit in Kauf (vgl. Mt 19,10: „Wenn die Sache des Mannes mit der Frau so steht, dann ist es nicht ratsam zu heiraten", resümieren die Jünger).

Wir können Jesus kaum an Barmherzigkeit überbieten

(5) Dass wir in einer gefallenen Schöpfung leben und also – so die Folgerung – der Wille Gottes nicht geradlinig durchsetzbar sei und gelebt werden könne, wusste schon Jesus. Gerade in der vergehenden Welt des alten Äons rief er zu einem neuen radikalen Leben nach dem ursprünglichen Willen als Kennzeichen des Volkes Gottes auf, ohne allerdings die gefallene und pervertierte, ehemals gute Schöpfung, für die der gute Wille Gottes „von Anfang" galt, zu übersehen (vgl. These 12.).

Wir leben zwar in einer gefallenen Schöpfung; mitten in ihr darf aber neues Leben beginnen

(6) Jesus ruft zur Wahrheit der Ehe als einer unauflösbaren Verbindung (was Gott verbunden hat, soll der Mensch nicht scheiden!) gerade angesichts einer schriftgelehrten Debatte auf, die im Wesentlichen das Ziel hat, Scheidung und Wiederheirat nach

[96] Vgl. Ulrich Luz: Das Evangelium nach Matthäus, (EKK I,3), Zürich/Düsseldorf/Neukirchen-Vluyn 1997.

Möglichkeit zu erleichtern. Wer heute von seelsorgerlichen (Härte-)Fällen her gegen Jesu Gebot argumentiert, fällt in die Haltung zurück, die Jesus ausdrücklich zu überwinden suchte.

Gott will, dass wir leben!

Seelsorgerlich gilt es zu vermitteln, dass Gott will, dass wir leben – auch und gerade, indem wir nach seinen Geboten leben (vgl. 3Mo 18,5).

Jesus weiß, wie es um uns bestellt ist

(7) Jesus weiß aber um die Gebrochenheiten menschlicher Existenz, um die Perversionen selbst guter Ordnungen und um die Macht der Sünde und ihre zerstörerischen Wirkungen. Die Existenz des Menschen *post lapsum* (nach dem Sündenfall) ist für Jesus ein theologischer Faktor, den er in seine Verkündigung und Seelsorge mit einbezieht.

(8) Gegenüber einer reinen Ordnungsethik, die den Menschen unvermittelt an den geschriebenen und fixierten Buchstaben des Gesetzes zurückbindet, kann Jesus – etwa in der für das Judentum zentralen Frage nach dem Halten des Sabbats – an den wahren und eigentlichen Sinn der Weisungen Gottes erinnern: „Der Sabbat ist *um des Menschen willen* geschaffen worden und nicht der Mensch um des Sabbats willen" (Mk 2,27). Nicht die Einhaltung der Gebote als solche ist darum der letzte Zweck der Ethik, sondern das Heil und Wohl des Menschen: sein *Shalom*, dem diese guten Ordnungen Gottes zudienen sollen. Dies gilt es – orientiert an der Haltung und Weisung Jesu selbst – auch im Hinblick auf Ehe, Ehescheidung und Wiederheirat im Blick zu behalten.

Der Zweck der Gebote:
Der Shalom des Menschen

b) Ethische Orientierung als seelsorgerliche Hilfestellung

Ethik – um der Seelsorge willen!

20. Die Unauflösbarkeit der Ehe und damit die Erinnerung an den anfänglichen guten Willen Gottes für Mann und Frau als Primat ethischer und seelsorgerlicher wie pastoraler Orientierung ist keine

Zumutung für die Seelsorge, sondern im Gegenteil eine seelsorgerliche Hilfe ersten Ranges.

Nur die Zumutung des Verzichtes auf Wiederheirat getrennt Lebender und die unbedingte Vorgabe der Unauflöslichkeit der Ehe

- stärkt die Verbindlichkeit der Ehe und bewahrt die Eheleute davor, sich im Konfliktfall auf andere Wege als den Weg der Verständigung, der Versöhnung und des Zusammenwachsens zu begeben;
- macht die Zumutung sexueller Enthaltsamkeit für Singles, homophil empfindende Menschen und Eheleute, die auf Grund von Unfall oder Krankheit ihre Ehe nicht leben können, plausibel und glaubwürdig;
- bewahrt die christliche Gemeinde davor, ihr Profil als Vorhut der Neuen Schöpfung zu verlieren und sich der vergehenden Welt anzupassen, deren Strukturen vergehen (vgl. 1Kor 7,31);
- lässt in christlicher Ethik, Seelsorge und Gemeindeleitung das richtige Gefälle und die richtigen Perspektiven wachsen. Die beherrschende Fragestellung ist nicht mehr: „Wie komme ich im Krisenfall möglichst leicht aus einer Ehe heraus?“, sondern: „Wie bewahre und erhalte ich die mir von Gott geschenkte, unauflösbare Beziehung zu meinem Ehepartner?“

Nur die Unauflösbarkeit der Ehe bewahrt im Konfliktfall vor der Versuchung, sie auflösen zu wollen

Wie können wir von Singles erwarten, dass sie sexuell enthaltsam leben?

Nicht:
Wie komme ich leichter aus der Ehe raus?
Sondern:
Wie erhalte ich meine Ehe?

VII. Eheethik als Herausforderung für die Gemeinde

Quer zu unserem individualistischen Denken: Ehe ist nicht Privatsache, sondern auch eine Sache der Gemeinde

21. Wenn Ehe nach dem Willen Gottes „im Anfang" gelebt werden soll, bedarf es nicht nur einer theologischen Reflexion, sondern einer prophylaktischen[97] *Eheparänese*[98] *und -schule sowie darüber hinaus einer Gemeinde, die die Eheethik als Herausforderung für sich selbst begreift. Um notvolle Situationen zu vermeiden, sind vorbeugend (Lehr-)Verkündigung und begleitend Seelsorge geboten.*

a) Prophylaktische Eheparänese und Eheseelsorge

Es reicht nicht, nur auf kaputte Ehen zu re-agieren

(1) Christliche Eheethik soll sich empirisch und normativ[99] von säkularer Ehe-Wirklichkeit und deren fehlender Verbindlichkeit unterscheiden. Dazu ist es notwendig, über seelsorgerliche Reaktionen auf zerbrochene oder gefährdete Ehen hinaus Eheparänesen durchzuführen, die deutlich machen und begründen, was eine christliche Ehe ist und wie sie geführt werden kann. „Wir brauchen ein neues, biblisch-reformatorisch begründetes, liebevoll-kreatives Nachdenken darüber, was zur Stärkung der Ehe getan werden kann."[100]

Wir brauchen und wollen
- lebendige Vorbilder

Die Forderung nach einer prophylaktischen Eheparänese bedeutet:

a) Wir wollen in Zukunft christliche Ehe bewusst lehren und noch bewusster leben, auch

---

[97] Prophylaktisch: vorbeugend.

[98] Eheparänese: Mahnung bzw. Sammlung von Ratschlägen die Ehe betreffend.

[99] Empirisch und normativ: sowohl was die erfahrbare Wirklichkeit anbetrifft als auch, was die Zielvorstellung (die Norm) angeht.

[100] Reiner Braun: Brauchen wir ein Scheidungsritual?, in: ThBeitr 32 (2001), S. 61.

auf lebendige Vorbilder: Väter und Mütter im Glauben, hinweisen.

b) Wir wollen in Zukunft von dem, was es heißt, eine christliche Ehe zu führen, so früh reden, dass die, die es angeht, sich früh genug und angemessen auf diese Herausforderung einstellen können.

- frühestmögliche Informationen

c) Wir wollen in Zukunft Ehe nicht erst dann und darum zum Thema machen, wenn und weil diese in die Krise geraten ist.

d) Wir wollen in Zukunft ganz bewusst und mit aller inneren Überzeugung für eine Ehe nach Gottes Willen werben und vor allem junge Menschen mit der Verheißung Gottes konfrontieren, die in dieser Lebensgestalt liegt.

- werben für ein Leben nach den Verheißungen Gottes

e) Wir wollen in Zukunft bei jeder passenden Gelegenheit verbal und non-verbal kommunizieren[101] (z. B. durch das Hinweisen auf Vorbilder), was es heißt, mit Gottes Hilfe eine christliche Ehe zu führen und Mann und Frau zu sein – gemäß seinem Willen und unter seiner Verheißung.

(2) Eine christliche Eheparänese, die nicht mehr länger als selbstverständlich voraussetzt, was sich schon lange nicht mehr von selbst versteht, vermittelt das Wissen,

a) dass eine Ehe nur mit Gottes Hilfe („... so wahr mir Gott helfe") geführt und durchgehalten werden kann; dass das Halten des Eheversprechens nur mit Gottes Hilfe gelingen kann;

Wir wollen neu betonen:
- Eine Ehe kann nur mit Gottes Hilfe gelingen

[101] Verbal und non-verbal kommunizieren: Es gibt eine verbale Form der Kommunikation d. h. Mitteilung/Information über Worte, Theorie, Lehre, und eine non-verbale, sich nicht über Worte vollziehende Form der Kommunikation, Unterrichtung: z. B. über Zeichen, Gestik, Mimik oder aber – wie im angesprochenen Fall – durch den Verweis auf Vorbilder, die mehr als 1 000 Worte erzählen, was Ehe nach Gottes Willen und unter seiner Fürsorge und Verheißung sein kann, wenn sie im Vertrauen auf ihn geführt wird.

- Es gibt in der Krise nur die eine Chance: sich „zusammenzuraufen“

b) dass eine Ehe nicht geschieden werden kann und dass zwei Eheleute nur dann die Chance haben, auf Dauer zusammenzubleiben und eine gute Ehe zu führen, wenn sie wissen, dass Gott selbst ihre Beziehung zusammengefügt hat und dass darum eine Scheidung nicht in Frage kommt und sie darum auch bei Schwierigkeiten und Konflikten gar keine andere Wahl haben, als sich aufeinander einzulassen und sich nicht aus dem Wege zu gehen;

- Die Bibel hat ein sehr konkretes Bild von Mann und Frau

c) dass die Geschlechter wohl gleichwertig, nicht aber gleichartig sind, dass es in der Ehe nach Gottes Willen verschiedene Aufgaben gibt und dass Ehe nur dort gelingt, wo der Ehemann sich im Sinne von Epheser 5,21ff. als Haupt seiner Frau verhält, d. h. sich konkret der Haupt-Verantwortung stellt, Richtlinienkompetenz beansprucht und wahrnimmt, seine Ehefrau in Konfliktsituationen (gegenüber Kindern, Schwiegereltern etc.) nicht allein lässt, sondern sie schützt;

- Wir wollen unsere Leiblichkeit (noch) viel ernster nehmen

d) dass Ehe nur gelingen kann, wo die Partner wechselseitig die Leiblichkeit des/der anderen mitsamt den entsprechenden auch sexuellen Bedürfnissen ernst nehmen (vgl. 1Kor 7,5);

e) dass Ehe nur gelingen kann, wenn Christen auf vor- und außereheliche Sexualität verzichten.

b) Eheethik als Aufgabe der Gemeinde

Die Gemeinde muss die ekklesiologische[102] Dimension der Eheethik entdecken und diese einem gängi-

102 Ekklesiologisch: die Kirche betreffend.

gen postmodernen Individualismus[103] entreißen. Das heißt, sie muss realisieren:

1. Ein christliches Leben, auch eine christliche Ehe, kann nur geführt werden im Kontext einer Gemeinde als stützender Lebensgemeinschaft.

> Ehe ist nicht nur eine Sache „der zwei"

2. Wo Not entsteht, weil eine Ehe zerbricht, Scheidung und Wiederheirat aber nicht möglich sind und sich für einen Christen verbieten, da ist die Gemeinde gefordert, wenn es gilt, allein erziehende Elternteile zu begleiten und ihnen Geborgenheit, emotionale Nähe und Orientierung zu geben.

> Wenn eine Ehe zerbricht, sind nicht nur „die zwei" betroffen

3. Weder wie ein Christ seine Ehe führt oder eben auch nicht führt, noch wie ein Christ ein Leben in der Ehelosigkeit realisieren und durchhalten kann, sind Fragen, die nur den Einzelnen angehen, sondern die Gemeinde als das Gottesvolk des Neuen Bundes, als neue Familie, als *Familia Dei*: „Und Jesus streckte seine Hand aus über seine Jünger und sprach: Siehe da, meine Mutter und meine Brüder. Denn wer den Willen meines Vaters tut, der in den Himmeln ist, der ist mein Bruder und meine Schwester und meine Mutter" (Mt 12,50).

> Jesus will Gemeinde als „Familie Gottes"

4. Wir stehen dabei als Gemeinschaften und Gemeinden der Gemeinschaftsbewegung vor umfassenden und neuen Herausforderungen. Je mehr sich Gemeinschaften als selbständige Gemeinden (innerhalb der Landeskirchen) verstehen, je mehr kommen ihnen als ekklesiologischen Gebilden[104] Aufgaben zu, die sie in früheren Zeiten problemlos von sich weisen und für die sie sich nicht zuständig erklä-

> Gemeinschaften vor einer neuen Herausforderung!

[103] Postmoderner Individualismus: eine Einstellung, die jedem Individuum (Einzelnen) seine persönliche Wahrheit zugesteht.

[104] Ekklesiologische Gebilde: Einrichtungen, die den Charakter von Kirchen tragen.

Eine Gemeinschaft trägt als Gemeinde Mitverantwortung für die Lebenseckpunkte ihrer Mitglieder

ren konnten. Trauung, Taufe, Konfirmation und andere „Familienfeste" sind ja nicht einsame, isolierte kasuale Insel-Ereignisse. Sie stellen vielmehr Höhepunkte dar, in denen sich Lebensläufe bündeln. Eine Gemeinde, die sich für solche Kasualien zuständig sieht, trägt insofern selbstverständlich auch Mitverantwortung für die Menschen, denen sie an deren Lebenseckpunkten in exemplarischer Weise den Segen Gottes zuspricht und die Nähe des dreieinigen Gottes vergegenwärtigt. Die beschriebene Aufgabe ist hier nur zu markieren. Die Frage, ob und wie sie zu bewältigen ist, muss anderweitig und sicher nicht nur theoretisch angepackt werden.

Teil C
Praktisch-seelsorgerliche Konsequenzen

VIII. Ehe, Scheidung, Wiederheirat: evangelische, aus dem Evangelium gewonnene Perspektiven

Wir brauchen „evangelische“ = aus dem Evangelium gewonnene Perspektiven

22. Wenn wir der oft sehr großen seelischen Not und den entsprechenden seelsorgerlichen Herausforderungen gerecht werden wollen, gilt es, evangelische als aus dem Evangelium heraus gewonnene Perspektiven über Ehe und Trennung hinaus für Scheidung und Wiederheirat zu gewinnen.

a) Notvolle Notfälle

Notvolle Situationen aus dem Geist des Evangeliums heraus gestalten

(1) Es gibt im Reich Gottes: in der Gemeinde Jesu sehr, sehr notvolle Situationen, denen allein mit einem kompromisslosen Nein zu Scheidung und Wiederheirat nicht beizukommen und zu entsprechen ist. Da diese Situationen durch ein solches Nein nicht zu gestalten sind, werden sie sich womöglich Gestalten suchen, die kaum bzw. gar nicht mehr durch das Evangelium bestimmt sind. Das aber wäre der Schlimmste aller denkbaren Fälle.

Zerbrechende Ehen – notvoll nicht nur für die beiden Partner

(2) Ehe-Not-Fälle liegen dann vor, wenn eine Familie zerbricht und nicht nur die Ehepartner vor der Frage stehen, wie sie mit ihrer emotionalen Bedürftigkeit (incl. den geweckten sexuellen und erotischen Bedürfnissen) umgehen, ja fertig werden sollen –, sondern wenn auch die Kinder objektive Bedürfnisse haben. Nach Gottes Schöpferwillen und wann immer möglich sollen sie von zwei gegengeschlechtlichen Partnern erzogen werden, um so nicht nur die Geborgenheit zu erfahren, die nur Mann und Frau zusammen den Kindern geben können, sondern

um so auch ihre eigene Identität als Mann und Frau entwickeln zu können.[105]

Welche Schritte soll Gemeinde Jesu gehen, wenn sie sich vor die Frage gestellt sieht, wie sie sich in solchen und vergleichbaren Fällen verhalten soll?

Wie soll sich die Gemeinde verhalten?

Mit abnehmender Sicherheit des ethisch-dogmatischen Urteils: von völliger Gewissheit bei der Antwort I bis hin zum nicht zu überwindenden Fragezeichen bei der Antwort III können wir – vielleicht – folgende Antworten wagen:

b) Die Ehe-Leute mit ihrer Ehe nicht allein lassen

(1) Wir müssen uns auch in unseren evangelikalen Gemeinden zur Notwendigkeit von vorsorgender und Notfällen vorbeugender Ehekatechese und begleitender Ehe-Seelsorge stellen.

Notwendig: Vorsorge!

Antwort I: Notwendig ist eine prophylaktische Ehekatechese und Eheparänese, d. h. Lehrunterweisung in allen Fragen des Zusammenlebens von Mann und Frau und ergänzend: konkrete Ermutigung und Ermahnung – bis in den seelsorgerlichen Bereich hinein. Wir haben in der Vergangenheit dort Schuld auf uns geladen, wo wir – speziell im evangelikalen Raum – die Institution Ehe als zu selbstverständlich gültig, anerkannt und realisiert wie realisierbar unterstellt haben. Probleme – so schien es – hatten ja nur die anderen, aber doch nicht die Christen, die sich – dem Anspruch und Selbstbewusstsein nach – in besonderer Weise dem Willen Gottes und den biblischen Maßstäben verpflichtet wussten, sowie schließlich Gottes Nähe sicher waren. Wir haben darum in unseren Gemeinden zu oft

Wir haben zu selbstverständlich vorausgesetzt, was Ehe und was eine Ehe unter der Verheißung ist

[105] Welche schlimmen Folgen für Kinder die fehlende Präsenz eines Elternteiles, vor allem des Vaters (!) hat, hat jüngst die Pädagogik-Professorin Helge-Ulrike Hyams erneut in aufrüttelnder Weise deutlich gemacht (vgl. dies.: Kinder wollen keine Scheidung, Stuttgart 2002).

zu wenig für die christliche Ehe geworben; wir haben ihre anthropologischen und theologischen Aspekte gemäß dem biblischen Zeugnis darum nicht oder nicht genug herausgearbeitet, und wir haben womöglich darauf verzichtet, darauf hinzuweisen, dass Ehe im Sinne des Alten und Neuen Testamentes als unauflösbare, lebenslange, exklusive Verbindung *eines* Mannes und *einer* Frau nur mit Gottes Hilfe und also als christliche (bzw. jüdische) Lebensform gelebt werden kann –, so notwendig und allgemein gültig und als Ideal verbreitet sie auch als Schöpfungsordnung ist.

Ehe – nur möglich und nur lebbar – mit Gottes Hilfe!

(2) In einer Zeit, die Ehe – wenn überhaupt – dann nur noch als Zusammenleben auf Zeit ins Auge fasst, ist in unseren Gemeinden mit Nachdruck das alternative biblische Verständnis von Ehe, wie es sein Vorbild im Verhalten des Christus zu seiner Gemeinde hat (Eph 5,23ff.; vgl. die Christologie der Offenbarung, die Christus als Bräutigam im Verhältnis zur Gemeinde als seiner Braut Offb 19,7–8; 21,2; 22,17), zur Geltung zu bringen. Das heißt auch, dass wir möglichst viele gute „Exempel statuieren“ und Ehe auf diese Weise so attraktiv, anschaulich und auch so normativ werden lassen wie möglich.

Gute „Exempel statuieren“!

(3) Diese – vor allem in der Predigt und in möglicherweise[106] obligatorischen Ehevorbereitungsseminaren zu verortende – Ehekatechese ist zu ergänzen durch Institute der *Eheparänese*. Es ist sinnvoll und es sollte im Lauf der Zeit selbstverständlich sein, dass sich Eheleute in bestimmten Abständen der Frage stellen,

Notwendige Fragen:
- Leben wir noch Ehe?

- ob bzw. inwieweit ihre Ehe nur noch theoretisch besteht oder von ihnen beiden gelebt wird,

[106] Es gilt natürlich, jeden Druck zu vermeiden, der kontraproduktiv ist und d. h. das Erreichen des gewünschten Ziels eher behindert, weil er Abwehr der Betroffenen auslöst. Es ist zu beachten, dass es kaum ein sensibleres Thema gibt, das mehr als Teil der Privatsphäre begriffen und „gefühlt“ wird.

- ob bzw. inwieweit sie dem Willen Gottes und den Wünschen beider Ehepartner entspricht,
- ob bzw. inwieweit die Ehepartner womöglich schon begonnen haben, sich auseinander zu leben,
- ob bzw. inwieweit ihre Ehe potentiell gefährdet ist und wo sich beide Herausforderungen stellen müssen, damit ihre Ehe Zukunft hat.

> • Wollen wir noch diese Ehe?

> • Was müssen wir tun, damit unsere Ehe Zukunft hat?

Wenn wir in der Gemeinde Jesu der nicht selbstverständlichen Institution einer christlichen Ehe, die selbstverständlich sehr gefährdet und herausgefordert ist, die nötige Aufmerksamkeit widmen, werden wir mit Gottes Hilfe seelsorgerliche Notsituationen nicht mehr ganz so oft vorfinden und bewältigen müssen. Denn diese Notfälle resultieren eben auch daraus, dass eine spezifische Ehekatechese und -paränese ausgeblieben ist, die noch für den Apostel Paulus ganz selbstverständlich war – bis hin zur Aufforderung, sich einander sexuell nicht zu entziehen (1Kor 7,3–5).

> Eheunterweisung ist im Neuen Testament selbstverständlich

(4) *Evangeliumsgemäß* ist diese *Perspektive I* mit Sicherheit deshalb, weil sie das Gelingen der Ehe von der Gegenwart und Hilfe: dem Segen des dreieinigen Gottes abhängig weiß und macht. Eine lebenslange, unauflösbare, exklusive Beziehung *eines* Mannes und *einer* Frau ist ideal, aber nur dann möglich und nur dann realisierbar, wenn Gott der Dritte im Bunde ist, an dessen Willen sich beide orientieren und auf dessen Hilfe beide bauen, mit dessen Hilfe dann beide auch in schwereren Zeiten zusammenbleiben wollen, weil sie wissen: Das alleine ist Gottes Wille; dazu gibt es keine Alternative, und Gott selbst wird uns auch helfen, seinen Willen zu tun.

> Ehe als exklusive und lebenslange Bindung eines Mannes und einer Frau – nur mit Gott als Drittem im Bunde

c) Trennung aus evangelischer Perspektive

Wann eine Trennung ratsam ist

Antwort II: Wenn eine Ehe faktisch zerbrochen ist und nach allem, was Menschen übersehen und absehen können, kurzfristig nicht mehr geheilt werden kann, ist eine Trennung ratsam. Es ist den betroffenen Eheleuten zwar zunächst einmal deutlich zu erklären: *Die Frau soll sich vom Mann nicht trennen* (1Kor 7,10; Entsprechendes gilt selbstverständlich für den Mann), dann aber zu raten:

Eine Trennung (statt Scheidung und Wiederheirat) steht Gottes versöhnendem Wirken nicht entgegen

(1) Da wir nur Menschen sind, überschauen wir die Möglichkeiten Gottes nicht, und darum können wir auch nicht wissen, ob Gott nicht noch einmal Wege finden kann und wird, Menschen und Lebenslagen zu ändern und die getrennten Eheleute zusammenzuführen, damit wieder zusammenfindet, was Gott zusammengefügt hat. Analog argumentiert Paulus in 1. Korinther 7,11, wo die geschiedene Christin aufgefordert wird, unverheiratet zu bleiben oder sich mit ihrem Mann zu versöhnen. Mit anderen Worten: Sie soll sich so verhalten, dass der Weg zurück in die einmal eingegangene Ehe nicht verbaut wird.

Evangeliumsgemäß kann selbst eine Trennung sein

Evangeliumsgemäß ist selbst eine Trennung noch dann, wenn sie – mindestens theoretisch – einem solchen zusammenführenden Handeln Gottes nicht widerstreitet und diese Möglichkeit mindestens insofern offen hält, als sie diese nicht durch eine Wiederheirat verbaut.

Wann eine Trennung Sinn macht

Sicherlich entspricht die Trennung nicht dem Willen Gottes –, aber da, wo eine Trennung unausweichlich ist, da hat sie die evangeliumsgemäßere Gestalt dort, wo sie einer erneuten Verbindung der Eheleute, für die es ja – Gott sei Dank! – viele Beispiele gibt, nicht im Wege steht und keine unwiderruflichen Widerstände in den Weg stellt, also namentlich auf Wiederheirat verzichtet.

(2) Die emotionale, näherhin erotische und sexuelle Bedürftigkeit kann gewaltig sein –, aber die

Betroffenen sollen und dürfen versuchen, diese schwierige Lage mit Gottes Hilfe zu bewältigen. Sie können gerade in ihrer Schwachheit Gottes Kraft erfahren (vgl. 2Kor 12,9).

(3) Der Gemeinde als Familie Gottes könnte und sollte in der Situation der Trennung eine wichtige Auffangfunktion zukommen. Sie kann die Betroffenen begleiten, *mit* ihnen trauern, *mit* ihnen weinen, *mit* ihnen ihren Schmerz, auch ihre Ohnmacht aushalten (vgl. Röm 12,15; 1Kor 12,26). Dass wir vielfach solche dazu fähigen Gemeinden (noch) nicht haben, ist sicher auch darin begründet, dass wir unseren Gemeinden solche Funktionen nicht oder zu wenig zumuten und sie damit um genuine[107] Wachstumschancen bringen. Wie sehr haben sich aber Gemeinden in der Geschichte der Kirche genau in dieser Hinsicht als Familie Gottes, speziell in Zeiten besonderer Verfolgung und Anfechtung, immer wieder bewährt und ausgezeichnet!

Die Aufgabe der Gemeinde:
- ermutigen, auf die Kraft Gottes zu vertrauen
- den Betroffenen beistehen und mit ihnen leiden

Für die Gemeinde Jesu als Kontext getrennt lebender Ehepartner bedeutet dies,

- konkret an der Klärung der Sachverhalte und Heilung der Wunden zu arbeiten, die zur Trennung geführt haben;
- die Betroffenen zu Beratung, Seelsorge ggf. Therapie und was immer sonst noch nötig ist, zu ermutigen, damit beide wieder Schritte aufeinander zu gehen können;
- beide Eheleute vor Schritten zu bewahren, die einer Wiedervereinigung entgegenstehen und diese unmöglich machen würden;
- deutlich zu machen und darauf zu bestehen, dass eine Trennung nur dann – auf Zeit – eine Lösung ist, wenn beide Partner sich nicht nur aus dem Weg gehen, sondern als Ziel ihrer Trennung sehen, wenn möglich doch noch in Zukunft ihren Weg wieder gemeinsam zu gehen;

Die Zeit der Trennung sinnvoll nutzen und als Chance ansehen

[107] Genuin: ursprünglich gegeben, echt.

Trennung ist etwas anderes als notwendige Voraussetzung für Scheidung und Wiederheirat

- namentlich vor einer Wiederheirat – so lange wie möglich und sinnvoll (s. III) – zu warnen. Scheidung und Wiederheirat sollten – auch wenn aus Sicht der Betroffenen zunächst e-motional sehr viel dafür zu sprechen scheint – so lange wie möglich aufgeschoben wer-den, damit Gottes Ja zur alten, ursprünglichen Beziehung so lange wie möglich eine Chance hat.

d) Wiederheirat – Versuch einer evangelischen Perspektive

Und was ist, wenn Trennung nicht zur Versöhnung führt?

Es gibt freilich immer erneut und häufig die seelsorgerliche Erfahrung, dass der in (II) skizzierte Weg – nach allem, was erkennbar und menschlich denkbar erscheint – nicht gangbar, denkbar und zukunftsträchtig ist.

Gibt es auch für diese Fälle einen evangelischen, vom Evangelium her vertretbaren, dem Evangelium entsprechenden, ihm wenigstens mehr als andere Verhaltensalternativen entsprechenden Weg?

Der Eck- und Ausgangspunkt: Jesu Nein zu Scheidung und Wiederheirat

Eines ist klar: Eine mit Sicherheit richtige Antwort ist angesichts der klaren Bestätigung der Unauflösbarkeit der Ehe durch Jesus und seines klaren und eindeutigen Neins zu Scheidung und Wiederheirat, schließlich der Unsicherheit, ob Jesus indirekt in Matthäus 19,9 doch die Legitimität der Wiederheirat für den Fall einräumt, dass die Ehe bereits kaputt ist, mit letzter Gewissheit nicht möglich. Welche Antwort ist dann aber verantwortbar?

Am jetzigen Zustand tragen auch die Gemeinden Mitschuld

(1) Zunächst ist noch einmal zu betonen: Der jetzige Zustand ständig steigender Zahlen von Ehen, die in tiefe Krisen hineingekommen sind und für die oft kein anderer Ausweg als Trennung, Scheidung und ggf. (wenn z. B. Kinder da sind) Wiederheirat gesehen wird, ist auch Resultat mangelnder Lehre. Lehre greift aber nur, wenn sie gelehrt worden ist. Mit anderen Worten: wenn eben die Unmöglichkeit

der Scheidung und Wiederheirat nicht verdeutlicht und gelehrt worden ist, kann diese auch nicht eingefordert werden. Eine Gemeinschaft kann nicht Normen einfordern, die sie vorher nicht (entsprechend) zur Geltung gebracht hat. Ein Eherigorismus verbietet sich schon aus diesem Grund. Er wäre schon angesichts des Versagens der Gemeinde unevangelisch.

> Eine Gemeinschaft kann nicht die Erfüllung von Normen fordern, die sie zuvor nicht entsprechend propagiert hat

(2) Mit Sicherheit ist nur klar, dass Scheidung und Wiederheirat im Gegensatz stehen zum ursprünglichen Willen Gottes. Sie sind darum in jedem Falle Sünde – Handeln wider den erklärten Willen Gottes und Kennzeichen einer unter der Macht der Sünde (*hamartia*; vgl. Röm 6,15ff.) stehenden Welt, der auch der Christ und die Gemeinde noch angehören. Scheidung und Wiederheirat sind nur dann nicht Ehebruch, wenn die Ehe schon zerbrochen ist. Ob ein solcher Ehebruch nicht nur die Trennung, sondern auch Wiederheirat legitimiert, konnte nicht völlig geklärt werden.

(3) Evangelisch, evangeliumsgemäß ist damit aber die vom Neuen Testament her ebenso sichere Sicht: Auch der Christ ist und bleibt Sünder. „Wenn wir sagen, dass wir keine Sünde haben, so betrügen wir uns selbst, und die Wahrheit ist nicht in uns" (1Joh 1,8). Und selbst Jakobus bekennt: „Wir alle straucheln oft (in vielerlei Hinsicht; auf vielerlei Weise)" (Jak 3,2).

> Evangelisch ist die eine Gewissheit:
> - Wir bleiben auch als Christen Sünder
> - Unsere Sünde kann den neuen Bund Gottes nicht zerstören

Jesus begründet durch die stellvertretende Dahingabe seines Lebens einen durch keine Sünde unsererseits mehr aufhebbaren *neuen* Bund. Dieser besitzt darin sein besonderes Merkmal und seine – gegenüber dem *alten* Bund – besondere Eigenschaft, dass er mit dem immer neuen Sündigen auch des zum Volk Gottes Gehörenden rechnet. Er ist in seinem Bestehen nicht davon abhängig, ob wir sündigen oder nicht. Dieser neue Bund soll freilich weder zur Sünde ermutigen oder gar das Sündigen legitimieren.[108]

> Wir müssen auch bei Christen mit Sünde rechnen – auch im Bereich von Liebe, Ehe und Geschlechtlichkeit

Es gehört darum zum Kernbestand des Evangeliums, des Neuen Bundes, dass dieser – natürlich auch im Hinblick auf die Beziehung zwischen Mann und Frau – mit Sünde, Sünden, mit dem Scheitern auch von Ehe rechnet, auch mit dem Scheitern des Christen an der Vorgabe verantwortlich zu lebender und zu realisierender Sexualität (vgl. nur 1Kor 5,1; 6,15ff.; Kap. 7).

Das heißt: Das Scheitern von Ehe, Beziehungen und Sexualität wird durch das Neue Testament nicht legitimiert, aber es steht doch nicht außerhalb des Raumes des Evangeliums. Dieses Scheitern gehört vielmehr zu dem Leben, für das das Evangelium ebenfalls Gültigkeit besitzt.

> Auch für den Bereich der Gemeinde Jesu können Trennung und Scheidung nicht ausgeschlossen werden

Von daher können Trennung und Scheidung (und Wiederheirat) auch für die Gemeinde Jesu nicht ausgeschlossen werden –, auch wenn ganz klar ist und bleiben muss, dass sie im erklärten Gegensatz zum ursprünglichen Willen des lebendigen Gottes stehen. Klar muss freilich schon hier sein, dass ein Segen Gottes nicht auf ein Verhalten gelegt werden kann, das dem Willen Gottes explizit entgegensteht.

(4) Wenn nach allem, was den Verantwortlichen in der Gemeinde klar und plausibel ist, zu erwarten ist, dass ein getrennt lebender/geschiedener Ehepartner mit seiner Lage nicht allein zurechtkommt –, sei es, dass er/sie eine überdotierte Libido[109] hat, so dass auch nach ärztlichem Ermessen Enthaltsamkeit nicht durchzuhalten ist, sei es, dass er/sie seine/ihre Sexualität aus charakterlichen Gründen nicht ausreichend für ein enthaltsames Leben beherrschen kann, sei es,

---

[108] Als Gerechtfertigte, die Sünder bleiben, sind wir aufgerufen, in der Kraft des Heiligen Geistes gegen das „Fleisch" zu kämpfen. Das bleibt eine lebenslange Aufgabe und Herausforderung.

[109] Überdotierte Libido: überdurchschnittliches geschlechtliches Begehren, das nur schwer beherrschbar ist.

dass er/sie die Kinder nicht allein erziehen kann[110], dann muss die Frage erlaubt sein, ob es nicht der dem Evangelium *eher* entsprechende Weg wäre, wenn der oder die Betroffene eine neue, verbindliche Beziehung oder Partnerschaft eingeht; ob es umgekehrt nicht der dem Evangelium als dem guten, heilsamen Willen Gottes für unser Leben *weniger* entsprechende Weg wäre, wenn er/sie als allein erziehendes Elternteil versagt und also an den Kindern schuldig wird bzw. durch – womöglich noch wechselnde, instabile – sexuelle Beziehungen Befriedigung seiner emotionalen, seelischen, erotischen und sexuellen Bedürfnisse sucht.

Es gibt Wege, die dem Evangelium *mehr* und solche, die dem Evangelium *weniger* entsprechen

Martin Luther nimmt die leibliche Realität sehr ernst und lässt ehelicher Sexualität gleichzeitig eine sehr hohe Wertschätzung widerfahren, wenn er vom Geschiedenen schreibt: „Weil ihm [ergänze: als Mensch] nicht geboten ist, keusch zu leben, und hat auch die Gnade nicht[111], und sein Gemahl will nicht zu ihm und nimmt ihm also den Leib, des er nicht entbehren kann, wird ihn Gott nicht dringen zum Unmöglichen, um eines anderen Frevel willen, und muss tun, als wäre ihm sein Gemahl gestorben."[112]

Die Leiblichkeit und Verfasstheit eines Menschen ernst nehmen!

Wiederheirat wäre dann keine dem Evangelium entsprechende, aber die ihm am wenigsten widersprechende Lösung.

Wiederheirat ist in bestimmten Fällen die dem Evangelium am wenigsten widerstreitende Lösung

(5) Wenn denn zu erwarten ist, dass ein Mensch in jedem Fall schuldig wird, ist es keine billige Ausrede oder ein illegitimer Ausweg, danach zu fragen, auf welche Weise ein Betroffener sich womöglich am wenigsten schuldig macht und der geringste Schaden entsteht.

---

[110] Nach 1. Korinther 7,32–38 wird man von einem besonderen Charisma der Ehelosigkeit reden müssen. Ehelos leben zu können, ist nicht einfach eine selbstverständlich zumutbare Lebens*möglichkeit*.

[111] Vgl. dazu die Überlegungen bei Reiner *Braun*: Brauchen wir ein Scheidungsritual?, in: ThBeitr 32 (2001), S. 57–62. Jede Liturgie, eine kirchliche zumal, unterstellt ja so etwas wie Legitimität und Normalität.

[112] WA B3, S. 557.

Auch das „kleinere Übel“ ist und bleibt Sünde: Handeln wider den erklärten Willen Gottes

(6) Wenn eine Wiederheirat unter den genannten Umständen vollzogen wird, weil sie das „kleinere Übel“ zu sein scheint, dann muss klar sein,

a) dass sie Sünde, weil Handeln gegen den eigentlichen Willen Gottes ist; Gott hasst Scheidung! (Maleachi 2,16) Das muss sich dann freilich auch in der Gestalt der Wiedertrauung und „Wiederheirat“ dokumentieren;
b) dass mit einem Segen, der auf ein Paar gelegt werden soll, das um eine Wiedertrauung bittet, in einer sehr reflektierten Weise umgegangen werden muss. Wenn ein bis dato unverheiratetes Paar um den Trausegen bittet, kann es diesen empfangen und kann ihm dieser ohne Bedenken zugesprochen werden, wenn und weil die beiden Menschen, die ihren zukünftigen Weg gemeinsam vor Gott gehen und „ein Fleisch werden“ wollen, genau damit dem Willen des Schöpfers entsprechen und mit ihrem Wunsch die Verheißung Gottes für die Ehe in Anspruch nehmen dürfen.

Was bei einer Wiedertrauung zu beachten ist

Wenn ein Paar die Wiedertrauung begehrt, ist zu beachten, dass der Segen Gottes nicht auf etwas gelegt werden kann, was ganz ausgesprochen gegen den Willen Gottes ist. Wenn Gott die Scheidung hasst, kann man seinen Segen kaum auf eine Lebenswirklichkeit legen, die eben eine solche Scheidung voraussetzt.

Wann allein der ursprüngliche Trausegen auf ein Paar gelegt werden kann

Wenn ein Paar eine Wiedertrauung wünscht, kann man einen Trausegen kaum auf sie legen. Denn dieser spricht ja die Nähe und Wirklichkeit Gottes genau dem Paar zu, das sich im Wissen um seine Unfähigkeit, eine lebenslange Beziehung zu garantieren, allein im Blick auf Gottes Hilfe auf dieses Unternehmen Ehe einlässt. Einem solchen Paar kann, darf und muss der ursprüngliche Trausegen zugesprochen werden. Dieser beinhaltet in der Sache nichts anderes, als dass Gott bei denen ist, die auch als Verheiratete darum wissen, dass sie Gottes Hilfe brauchen und ohne ihn nichts tun können. Mit dem Begehren des Trausegens beanspruchen die Eheleute die Hilfe, von der sie bekennen, dass ihr gemeinsamer Weg ohne diese nicht gelingen kann.

Die Wiedertrauung dagegen hat ja sachlich gerade die Voraussetzung, dass mindestens einer der beiden Ehepartner wenn nicht sogar beide genau diese Hilfe Gottes für ihre vorangegangene Beziehung eben nicht (ausreichend) in Anspruch genommen, in ihrer Ehe verwirklicht und ihr vertraut haben. Das muss Konsequenzen haben. Die Beteiligten können bei einer Wiedertrauung „nicht so tun, als wenn nichts gewesen wäre". Ein solches Verhalten wäre schon um der geforderten prophylaktischen Eheparänese willen nicht zu verantworten.

> Wiedertrauung kann nicht heißen, „so tun, als wenn nichts gewesen wäre"

c) Umgekehrt gehört es zu den Grundeinsichten einer biblisch-reformatorischen Theologie, dass auch Christen am Willen Gottes immer wieder scheitern (s. o.) und dennoch und gerade deshalb (!) auf den Segen und d. h. Beistand Gottes nicht verzichten können und wollen. Es kann und darf und soll ja keinen Raum geben, der ohne Gott gelebt, kein Weg sein, der ohne Gott gegangen wird. Dieser Zuspruch des Segens als der Gegenwart Gottes darf auch dem um Wiedertrauung Bittenden nicht verweigert werden. Voraussetzung ist freilich das Bekenntnis zur eigenen Schuld und also eine wahrnehmbare, glaubwürdige Umkehr.

> Der Zuspruch der Gegenwart Gottes darf auch denen nicht verweigert werden, die um eine Wiedertrauung bitten

Der dem um Wiedertrauung bittenden Paar gewährte Segen wird darum nicht der Trausegen in seiner ursprünglichen und ungebrochenen Form sein können; aber er wird dem

Paar, das (mindestens) eine Scheidung, verbunden mit all den sehr notvollen Prozessen hinter sich hat, die Nähe und Hilfe Gottes gerade für ihre Situation und ihren Weg als gerechtfertigte Sünder zusagen.

> Wiederverheiratete sind keine Christen „Zweiter Klasse“

d) Eine solche Wiederheirat muss darum mit einem Schuld- und Bußbekenntnis verbunden und als schuldhaftes, aber unvermeidbares, von der Gemeinde als Versammlung der gerechtfertigten Sünder freilich akzeptiertes Tun auch entsprechend (aus)gezeichnet sein. Das bedeutet nicht, dass die geschieden Verheirateten „Christenmenschen zweiter Klasse“ wären, markiert aber den Versuch, im Bewusstsein zu halten oder ins Bewusstsein zu bringen: Wir alle gehen immer wieder auch in sehr wichtigen Fragen „krumme Wege“, und wir sind darauf angewiesen, dass Gott uns diese vergibt und sogar auf unseren krummen Lebenslinien gerade schreibt. Bei aller Betonung der Barmherzigkeit Gottes sind wir es der Gerechtigkeit Gottes aber schuldig, nicht zu verschweigen, wo wir von seinem Willen abweichen und nicht seinen Verheißungen entsprechend leben. Die Liturgie einer Wiederheirat, wenn es so etwas denn überhaupt geben sollte[113], wäre also etwa zusätzlich zu den genannten Elementen durch die entsprechende Katechese, das erwartete Schuldbekenntnis und die gemeinsame Fürbitte gekennzeichnet. Auch wenn es sich nicht um eine Trauung, sondern um eine Wiedertrauung handelt, kann die Fürbitte für das Paar so geschehen, dass dieses der Nähe, Hilfe und Begleitung Gottes vergewissert wird; dass der Trau-Gottesdienst für die Ge-

> Gott „schreibt auch auf krummen Linien gerade“ –, aber es ist nötig, dass wir ihm unsere „krummen Wege“ bekennen

> Was zu einer Wiedertrauung gehört:
> - Ehekatechese, Schuldbekenntnis (Bußteil)
> - Gemeinsame Beugung
> - Fürbitte/Segen für das Paar

[113] Vgl. dazu die Überlegungen bei Reiner Braun: Brauchen wir ein Scheidungsritual?, in: ThBeitr 32 (2001), S. 57–62. Jede Liturgie, eine kirchliche zumal, unterstellt ja so etwas wie Legitimität und Normalität.

schiedenen einen „Bußteil“ hat, in dem nicht nur die Heiratswilligen, sondern auch die Gemeinde – als Mitbetroffene und in einem gewissen Sinne „Mitschuldige“ – angesprochen wird; Vorbedingung eines solchen Gottesdienstes womöglich incl. einer Erklärung, die das Paar oder der Pfarrer/Prediger für sie abgibt, müssen Konfliktgespräche sein, die mit dem Ziel geführt werden, die Situation vor Gott zu klären und vor der Gemeinde zu erklären; möglich wäre dann eine Erklärung im Gottesdienst, die das Paar selbst oder der Prediger/Pfarrer abgibt.

Zu den Bestandteilen einer Wiedertrauung sollten darum gehören:

- Katechese: eine theologische Besinnung des geistlich Verantwortlichen, die die Gemeinde über Möglichkeiten und Bedingungen von Wiedertrauung aufklärt und auf den besonderen Kasus hinweist;
- Schuldbekenntnis: eine Erklärung des Paares, aus der hervorgeht, dass es seine Schuld vor Gott bekannt hat und der Vergebung gewiss ist;
- Fürbitte und gemeinsame Beugung: ein gemeinsames Gebet der Gemeinde, in der diese als Versammlung gerechtfertigter Sünder Mitverantwortung für die gescheiterte Beziehung bekennt und für die neu begonnene Beziehung anerkennt;
- Segen: Zuspruch der Nähe und Hilfe und des Geleites für die, die ihre Sünden bekennen und den Beistand des dreieinigen Gottes begehren.

Wiederheirat und Mitarbeit in der Gemeinde

e) Eine Mitarbeit in der Gemeinde ist für die Betroffenen nur in eingeschränktem Umfang denkbar.[114] Es gehört einerseits zu den erstaunlichsten geistlichen Erfahrungen, dass

[114] Vgl. zu dieser Frage ausführlicher Teil C, X, f).

Vergebung ermöglicht Neuanfang

Entscheidend: Die Umkehr

Das Kriterium der Pastoralbriefe: Unanfechtbare und überzeugende Lebensführung

Das Problem mit dem „kleineren Übel“:

- Es ist immer noch Übel
- Es darf nicht zur Entschuldigung von allem und jedem werden

Gott sich in seinem Handeln durch uns nicht an unsere Sündlosigkeit und Korrektheit bindet. Auch ist es eine tiefe evangelische Überzeugung, dass Vergebung, wenn sie denn wirklich erbeten und empfangen ist, einen Neuanfang bedeutet. Schließlich kann der, der sich in besonderer Weise versündigt hat, der aber eben auch die verändernde Kraft der Vergebung in besonders einschneidender Weise erfahren hat, ein besonderes Vorbild für die Gemeinde sein. Es kann also nicht sein, dass Ämter auf Grund von Sünde verbaut sind, wenn diese bekannt und vergeben wurde und *metanoia*: Umdenken und Umkehr konkret erkennbar ist. Dennoch behalten die Pastoralbriefe – vermutlich aus guten praktischen Gründen – die Ausübung bestimmter Ämter und Funktionen nur solchen Personen vor, die in ihrer Lebensführung auch nach außen überzeugend wirken und so wenig wie möglich Angriffspunkte bieten. Wir plädieren darum dafür, dass leitende, verantwortliche Ämter in der Gemeinde oder auch Funktionen, die den Sachverhalt ihrer Scheidung und Wiederheirat berühren, von ihnen nicht wahrgenommen werden.[115]

f) Der Begriff und die Argumentationsfigur des „kleineren Übels“ ist dann hoch problematisch, ja gefährlich, wenn (a) übersehen wird: es ist zwar das *kleinere* Übel, aber eben immer noch ein *Übel*; (b) nicht dagegen abgesichert wird, zur Begründung von nahezu allem und jedem herangezogen zu werden.

(7) Bei allem Überlegen, wie den Betroffenen angemessen begegnet werden kann, ist die Mahnung von R. Braun im Blick zu behalten: „Bei aller

[115] Es wäre unrealistisch, dass die eigene Lebenssituation nicht auch einen Einfluss auf entsprechende Lehrbildungen und Verkündigungen (etc.) haben könnte.

begrüßenswerten, ja notwendigen Zuwendung zu den Betroffenen darf die Kirche nicht aus dem Blick verlieren, dass sie mit ihrem Handeln Zeichen setzt. Dieses Zeichen heißt im Fall des Scheidungsrituals: Die Ehe ist auflöslich."[116] Ein regelrechtes Ritual und darüber hinaus alles, was den Anschein von Normalität bei einer Wiederheirat vermittelt, darf es darum nicht geben –, wenn wir den Willen Gottes nicht verunklaren wollen.

Ein regelrechtes Scheidungsritual würde signalisieren: Die Ehe ist auflöslich

(8) Scheidung und Wiederheirat sind ein von der Gemeinde insgesamt zu verantwortendes Tun. Sie sind darum ein sie insgesamt demütigendes, demütig haltendes und zur Demut rufendes Zeichen dafür, wie sehr auch sie noch unter dem Vorzeichen des Sündenfalls und im Kontext einer sie mit-bestimmenden, gefallenen und vergehenden (1Kor 7,31) Welt lebt. Sie sind ihr zugleich Erinnerung daran, worauf sie wartet – besser: *wen* sie erwartet: ihren Bräutigam, der allein und erst den neuen Himmel und die neue Erde mit seinen idealen, himmlischen Zuständen durchsetzen und schaffen wird (vgl. Offb 21).

Scheidung und Wiederheirat sind ein von der Gemeinde mit zu verantwortendes Tun

e) Mit vollendeten Tatsachen leben – aus der Vergebung

Was ist aber nun mit den Gemeindegliedern, die bereits wieder geheiratet und womöglich mit dem neuen Partner auch Kinder bekommen haben? Ist die Erörterung der biblischen Sachverhalte für diese Mitchristen nicht unerträglich? Kann sie zugemutet werden? Werden sie nicht durch eine Klärung biblischer Weisung und Verheißung auf der Basis der Einsicht in die Unauflösbarkeit der Ehe notwendig auf die Anklagebank gesetzt? Wie sollen sich Betroffene verhalten, die lange bevor sie mit biblischer

Ein häufiger Fall: Scheidung (und Wiederheirat) vor der Bekehrung zu Christus als dem Herrn

116 R. Braun: Scheidungsritual, S. 61.

Weisung konfrontiert worden sind, unwiderruflich Weichen gestellt haben?

Eine entscheidende Frage: Kannte ich den Willen Gottes?

1. Wir müssen unterscheiden zwischen Christen, die gemäß der für sie aktuellen Einsicht in Gottes Willen und Verheißung die Möglichkeit zum Gehorsam haben, und solchen, die die Weisung erst erreicht, wenn sie bereits Weichen gestellt haben, die sie nicht mehr rückgängig machen können. Es ist ein Unterschied, ob jemand nach einer deutlichen Eheparänese und -katechese vor der Entscheidung für eine Wiederheirat steht oder nachträglich erkennt: meine Scheidung/Wiederheirat war gegen Gottes Willen.

Wie haben die Gemeinden gelehrt und gehandelt?

2. Im Hinblick auf diese Wege tragen nicht nur die Betroffenen, sondern die Gemeinden, zu denen sie gehören, Verantwortung. Auch diese – falschen – Wege stehen unter der Vergebung –, auch und gerade dann, wenn wir sie nicht mehr rückgängig machen können.

Sündenvergebung befreit nicht *von* den natürlichen Lebenszusammenhängen, sondern *in* ihnen

3. Es gibt eine Nähe, Hilfe und Begleitung Gottes auch nach falschen Weichenstellungen. Sündenvergebung befreit zwar nicht von den Gegebenheiten des natürlichen Lebens, ermöglicht aber mitten in ihnen einen Neuanfang, den Gott schenkt und will. Sündenvergebung macht frei von Schuld und stiftet die Möglichkeit eines neuen Anfangs, auch wenn der Schaden und die negativen Folgen falschen Handelns bleiben und uns weiter begleiten.
4. Wir dürfen davon ausgehen, dass Gott uns auch dann und dort begleitet und nicht verlässt, wo wir – unwissentlich – gegen seinen Willen gehandelt haben. Und selbst dort, wo wir bewusst gegen sein Gebot handeln, diese Sünde aber einsehen und um Vergebung bitten, dürfen wir darauf hoffen, dass Gott uns vergibt und uns nicht nur an uns und unsere Schuld dahingibt. Die gewählten, objektiv

falschen Lebensverhältnisse stehen damit nicht unter dem ausgesprochenen Ja Gottes. Das kann nicht sein, wenn wir denn ernst nehmen, dass es einen guten, konkreten Willen Gottes für seine Geschöpfe und d. h. benennbare Lebensordnungen für den Menschen gibt, die Rahmenbedingungen für gelingendes Leben sind. Das schließt aber nicht aus, dass wir Gottes Hilfe, auch seinen Segen dort erfahren und empfangen können, wo wir unter Bedingungen leben, die nicht gut sind, weil sie seinem Willen widersprechen, die wir aber bedauern, für die wir um Vergebung bitten und inmitten derer wir die Nähe Gottes einfach brauchen, um (über-)leben zu können. In diesem Sinne ist im Gebet dann zwar nicht der Segen auf eine Wiederheirat zu legen, kann aber sehr wohl die Hilfe und der Beistand, die Nähe des gnädigen Gottes auch für eine solche Beziehung erbeten werden.

> Falsches Handeln steht nicht unter dem Segen Gottes –, aber es schließt seine Nähe und seinen Beistand dennoch nicht aus

5. Die Tatsache, dass es in einer Gemeinde, womöglich sogar in der Gemeindeleitung, Christen gibt, die wieder geheiratet haben oder in Scheidung leben, – und der Wunsch, diese nicht zu brüskieren oder in Verlegenheit zu bringen, ist verständlich –, darf aber auf gar keinen Fall dazu führen, dass Gottes Willen auch von denen, die vor Herausforderungen für ihre Ehe stehen, nicht gehört wird, weil eine eindeutige Lehre und Verkündigung aus Gründen einer falschen Rücksichtnahme unterdrückt worden ist.

> Es gibt eine falsche Rücksichtnahme, die negative Folgen nach sich zieht

IX. Zusammenfassende Perspektive: Konsequenzen für die Zukunft

Was tun, damit der Notfall nicht zum Normalfall wird?

23. Damit das in These 22 eingeräumte „kleinere Übel" Notfall bleibt und nicht legitimierter Normalfall wird, bekennt die Gemeinde ihre Versäumnisse hinsichtlich einer verantwortlichen Eheparänese. Sie etabliert alle die Instrumente, die not-wendig sind, damit es in Zukunft nicht mehr so not-voller Regelungen von Notfällen bedarf.

Was sind die Konsequenzen aus den Überlegungen der Thesen 6–22?

Der doppelte Befund:
(1) Das Nein Gottes zu Scheidung und Wiederheirat ist eindeutig –, aber
(2) oft nicht lebbar

(1) Wir stehen vor einem doppelten Sachverhalt: Der biblische Befund einerseits ist eindeutig. Scheidung und Wiederheirat widersprechen dem durch Jesus selbst noch einmal eingeschärften ursprünglichen Schöpfungswillen Gottes. Die seelsorgerlich und pastoral: gemeindeleitend zu bewältigende Wirklichkeit andererseits ist – so die vielfache Erfahrung – oft nicht lebbar, wenn es nur das glatte Nein zu einer Ehescheidung und einer Wiederheirat gibt.

Wie gehen wir mit diesem gefährlichen Graben um?

(2) Der sichtbare, erschreckende Graben zwischen dem biblischen Anspruch einerseits und unserer, auch evangelikale Gemeinden immer mehr bestimmenden Wirklichkeit führt vor eine doppelte, sehr unterschiedliche Gefährdung:

Notvolle Notsituationen dürfen nicht unabhängig von biblischen Lebensordnungen bewältigt werden

a) Wer allein die biblische Weisung im Blick hat und keine Not-Wege für not-volle Not-Situationen weist, der riskiert, dass sich das in diesen Not-Situationen befindende dynamische Potential gänzlich unkontrolliert Aus-Wege sucht. Mit anderen Worten: wo wir Menschen nur vor das Nein Gottes zu Scheidung (und Wiederheirat) stellen, ihnen aber keinerlei Ausweg zeigen, werden sie womöglich einen solchen auch gänzlich unabhängig von uns, sprich: von biblischen Lebensordnungen suchen.

b) Wer – wie in These 22 geschehen – einen Ausweg für bestimmte Not-Fälle sucht und entsprechende Brückenargumentationen versucht, die Scheidung und Wiederheirat in Not-Fällen als – unmögliche – Möglichkeit vom Evangelium her als Extremfall legitimieren, der ebnet einem Verhalten den Weg, das wir auch aus anderen Zusammenhängen sattsam kennen: Der Extremfall wird zum Normalfall –, und alle Fälle werden zur Not zum Notfall. Das biblische Nein wird nicht mehr gehört; es zählt dann nur noch die in These 22 gegebene, zwar sehr bedingte, aber in ihren Klauseln nicht mehr wahrgenommene Freigabe von (Scheidung und) Wiederheirat. Nicht dass die vorgelegte Argumentation für einen evangelischen, vom Evangelium her verantworteten Weg Scheidung und Wiederheirat beträchtlich vermehren würde; aber sie öffnete diese dann doch womöglich als einen gangbaren Weg, der „in Ordnung geht".

> Der Extremfall darf nicht unter der Hand zum Normalfall werden, der Gottes Willen unwirksam macht

(3) Um dieser doppelten Gefährdung entgegenzuwirken, brauchen wir zwar einerseits einen Weg, der – analog zur Lehrbildung von Moses und Jesus – für Notfälle einen Ausweg öffnet; andererseits muss dieser Ausweg nachhaltig und dauerhaft als aus der Not geboren erkennbar sein; und vor allem: wir können solche Verfahren nur verantworten, wenn wir mit aller Macht zu verhindern suchen, dass sie in Zukunft noch nötig werden.

(4) Darum halten wir zunächst unmissverständlich trotz der damit verbundenen Härte fest: Scheidung und Wiederheirat sind unserer Einsicht nach – es sei denn dass *porneia* eines Ehepartners vorliegt –

Sünde und ein Verhalten gegen den Willen Gottes. Sie sind trotz aller möglicherweise gegebenen seelsorgerlichen Notwendigkeit eine – theologisch gesehen – unmögliche Möglichkeit. Sie sind für einen Christen kein gangbarer, normaler, zu empfehlender, biblisch begründbarer Weg.

> Auch die Argumentation für das „kleinere Übel" ändert nichts daran, dass dieses Sünde ist

Scheidung und Wiederheirat mögen – so These 22 in der Sache – in manchen Fällen das so genannte „kleinere Übel" sein. Sie sind darum aber trotzdem Sünde, trotzdem ein „Übel".

(5) Wo Einzelne diesen Weg gehen, da können sie es als verantwortliche Christen und d. h. als eine verbindliche Form von Nachfolge anstrebende Gemeindeglieder nur im Kontext, konkret: in Rücksprache und Absprache mit der örtlichen Gemeindeleitung tun. Die Gemeinde übernimmt so Mitverantwortung für den Weg einzelner ihrer Glieder. Dies ist theologisch von Gemeinde als Leib Christi her (vgl. Röm 12; 1Kor 12) legitim; es macht die Gemeinde aber auch vorsichtig, veranlasst sie zu behutsamem Handeln und verhilft so zu einer zusätzlichen „Bremswirkung" hinsichtlich des Auseinandergehens zweier Christen und einem Zerbrechen ihrer Ehe.

> Die Gemeinde übernimmt Mitverantwortung für den Lebensweg ihrer Glieder

(6) Ehescheidung und Wiederheirat wird eine Gemeinde – wenn es denn nicht anders geht – nur deshalb in Erwägung ziehen können, weil sie um ihre eigene Schuld weiß und weil die Gemeindeglieder darum wissen, dass sie konkret an den unter ihnen lebenden Christen schuldig geworden sind, die nun der Überzeugung sind, diesen gemeinsamen Eheweg nicht mehr miteinander gehen zu können. Diese Schuld konkretisiert sich in der Einsicht,

> Die Gemeinde übernimmt Mitschuld

- die Unauflösbarkeit der Ehe und die Unmöglichkeit der Wiederheirat nicht verbindlich (genug) gelehrt zu haben;
- in der Vergangenheit nicht die entsprechende Gemeindezucht geübt zu haben;
- eine christliche Eheführung unreif und kurzsichtig als eine Selbstverständlichkeit unter-

stellt zu haben, die sich von alleine einstellt, wo zwei Christen sich entschließen, miteinander zu leben;

- entsprechende Ehekatechese und Eheparänese vernachlässigt oder gar auf sie verzichtet zu haben;
- auf Krisenzeichen nicht oder nicht angemessen reagiert zu haben;
- Ehe als reine „Privatangelegenheit" der betroffenen Partner betrachtet zu haben und damit einem evangeliumsfremden Verständnis von Zusammenleben gefolgt zu sein;
- Ehe womöglich auch nicht beispielhaft und vorbildhaft genug gelebt zu haben, um anderen genug Mut zu machen, auch eine instabile, womöglich zerbrechende Beziehung auf einen heilsamen Weg zu bringen;
- mit der Macht der Sünde in uns und um uns nicht ausreichend gerechnet zu haben.

(7) Der in These 22 beschriebene Weg kann aus diesen Gründen darum nur dann gegangen und als legitim beschlossen werden, wenn er neben diesem Schuldeingeständnis der mit-verantwortlichen Gemeinde und dem Schuldeingeständnis der Betroffenen verbunden ist mit einem ganzen Katalog von praktikablen und wirkungsvollen Maßnahmen, die verhindern, dass in Zukunft Notfälle zu Normalfällen werden und Ehe als unauflösbare Beziehung in Wegfall kommt. Das „kleinere Übel" ist für uns nur dann akzeptabel, wenn es verbunden ist mit der entscheidenden Frage: Was können wir tun, damit es in Zukunft nicht mehr nötig ist; damit im Gegenteil in Zukunft der biblisch gewiesene Weg lebbar wird?

> Was zusammengehört:
> - Schuldeingeständnis der Gemeinde und der Betroffenen
> - Maßnahmen, die verhindern, dass Notfälle zu Regelfällen werden

(8) Die folgenden Maßnahmen erscheinen hilfreich und werden empfohlen:

a) Die Gemeinde wie auch die zu Trauenden nehmen die Eheschließung als ein öffentli-

> Empfohlene Maßnahmen:
> - Eheschließung geschieht vor der Gemeinde

- Die Gemeinde übernimmt Mitverantwortung für die Ehe der Eheleute

- Sie begleitet die Eheleute

- Die Eheleute begreifen sich mitsamt ihrer Ehe als Teil der Gemeinde

ches, „vor der Gemeinde“[117] stattfindendes Geschehen ernst.

b) Die Gemeinde nimmt mit der in ihrer Mitte geschehenden Trauung eines Ehepaares die Mit-Verantwortung für diese Ehe-Leute auf sich.

c) Das kann sie nicht abstrakt tun; das wird sie nur so tun können, dass sie deren Eheschließung mit ihnen zusammen vorbereitet und ihr Eheleben begleitet.

d) Die Eheleute begreifen sich mitsamt ihrer Ehe als Teil der Gemeinde (vgl. die zahlreichen Eheermahnungen in den neutestamentlichen Briefen an die Ortsgemeinden, die zeigen, in welchem Umfang Ehefragen Gemeindefragen sind).

Hilfreich wären
- obligatorische Ehevorbereitungsseminare

- regelmäßige Lehre

Als konkrete Konsequenz ergeben sich die folgenden Empfehlungen:

a) Es wird von einer Gemeinde keine Ehe geschlossen, ohne dass sich die zukünftigen Eheleute der entsprechenden Beratung und auch „Ausbildung“ (etwa durch den Besuch von obligatorischen Ehevorbereitungsseminaren) unterzogen haben.

b) Die Gemeinden führen regelmäßig Veranstaltungen durch, in denen auf verschiedenen Ebenen (Predigten; Vorträgen; Seminaren) und in verschiedener Weise Unterweisung geschieht und erklärt wird, was eine christliche Ehe ist, wie sie gelingen kann und was im Konflikt- und Krisenfall zu tun ist.

c) Die Gemeindeleitungen wirken darauf hin – etwa durch eigenes, vorbildliches Verhalten –, dass der Besuch von Eheseminaren nicht mehr nur das zweifelhafte Privileg von solchen zu

[117] Das ist zwar in der Theorie nach der Trauagende der Fall. In der Praxis bleibt die Gemeinde, in der das Paar beheimatet ist und vor allem leben will, vielfach und zum größeren Teil dem Traugottesdienst fern.

sein scheint, deren Ehen „es nötig zu haben" scheinen, sondern zu dem wird, was er eigentlich ist: einem ganz normalen, wichtigen und richtigen „Ehe-TÜV".

> • regelmäßiger Ehe-TÜV

d) Gemeindeleitungen fördern in dieser wie in anderen Fragen gezielt das Bewusstsein, dass alle Bereiche des Lebens eines Christen unter die Herrschaft Gottes gehören und dass das Eheleben (wie andere Lebensbezüge, z. B. der Umgang mit Geld und Zeit, auch) keine reine Privatsache ist, sondern ein Teil des Zusammenlebens der Glieder am Leib Christi darstellt.[118]

> • das Wissen: kein Bereich meines Lebens ist der Herrschaft Gottes entnommen

e) Gemeindezucht wird üblich und wird nicht programmatisch gemieden – allerdings im Anschluss an 1. Korinther 5,5c als Unternehmen mit dem Ziel der Rettung und Zurechtbringung und Hilfestellung.

> • Gemeindezucht bleibt kein Fremdwort

Damit der Extremfall nicht zum Normfall, damit der Notfall nicht zum Normalfall wird, damit aus den o. g. Regelungen keine Rechtfertigung eigener Wege abgeleitet wird, damit das biblische Wort weiterhin greift und seine orientierende Kraft behält, bedarf es darum einer gemeinsamen, anhaltenden Kraftanstrengung. Wir werden nur dann verhindern können, dass die Überlegungen in Teil B den biblisch bezeugten Willen Gottes außer Kraft setzen,

> Gottes Wort behält seine orientierende Kraft,
> • wenn wir festhalten: Gott hasst Scheidung

- wenn wir gemäß dem Wort Gottes predigen und festhalten: Ehescheidung ist Sünde. Gott hasst die Scheidung (Mal 2,16);
- wenn wir Gottes Willen und Verheißung lehren, das biblische Zeugnis zu Ehe, Scheidung

---

118 Den richtigen Umgang mit diesen höchst sensiblen Fragen werden wir aber gerade in unseren Gemeinden weithin erst noch lernen müssen. Die postmoderne Betonung der so genannten Privatsphäre einerseits und die kleinbürgerliche Neigung, lieber über den anderen zu reden, statt mit ihm (noch besser: für ihn vor Gott zu treten) andererseits, behindern schuldhaft die so notwendige vertrauensvolle gegenseitige Öffnung.

- wenn wir das biblische Zeugnis klar und ohne Kompromisse lehren

- wenn Gemeindeleitung ggf. auch Wiederheirat verweigert

- wenn Trau-, Buß- und Lehrakt eine Einheit bilden

und Wiederheirat unverkürzt weitergeben und auf – durch falsche Rücksichtnahmen bedingte – Kompromisse in Lehre und Verkündigung verzichten;

- wenn die Gemeindeleitung die Verantwortung für Ehe, Ehescheidung und Wiederheirat der Glieder der Gemeinde übernimmt und in bestimmten Fällen eben auch eine Wiedertrauung verweigert: etwa dann, wenn keine Einsicht über eigene Fehler und Schuld gegeben ist oder wenn eine Trennung und Scheidung vom Ehepartner schon mit der Perspektive einer Wiederheirat vollzogen wurde[119];
- wenn bei einer Wiedertrauung als dem zentralen gottesdienstlichen Ort Trauakt, Bußakt und Lehrakt miteinander verbunden werden.

[119] Wer sich von seinem Ehepartner trennt und scheiden lässt, weil er einen anderen Partner ehelichen will, dem ist nicht nur die erneute Trauung zu verweigern; dem ist vielmehr auch ganz klar zu eröffnen, dass er mit Wissen und Willen gegen den erklärten Willen Gottes handelt und damit nicht nur seine Ehe und den Segen Gottes, sondern auch sein Heil aufs Spiel setzt.

X. „Was ist nun, wenn …?“ Besprechung weiterer Fälle aus der Gemeinde- und Seelsorgepraxis

a) Vorbemerkungen: Zum Unterschied von biblisch-theologischer Orientierung und ethischer Urteilsbildung

1. Wir können nicht alle möglichen Problemkonstellationen erfassen. Die Realität überholt unsere Überlegungen und Unterscheidungen ständig. Wir wollen aber einige Fälle ansprechen, die öfter geschildert worden sind und einige Fragen bedenken, die sich in den Diskussionen öfter ergeben haben.

> Hilfestellungen bei Fällen, die immer wieder auftauchen

2. Es muss auch hier klar sein, dass diese Überlegungen nicht das *Fundament* für unsere Orientierung in der Thematik „Ehe, Ehescheidung, Wiederheirat“ darstellen, sondern *Konsequenzen* erwägen.

> Was sind die praktischen Konsequenzen unserer Ergebnisse in Teil I–IX?

3. Wir müssen damit leben, dass die biblisch-theologische Orientierung *eine* Sache ist. Sie geschieht verlässlich. Unsere heutige ethische Urteilsbildung ist demgegenüber eine *andere* Sache. Sie ist mit Unsicherheiten behaftet. Unsere Situation deckt sich nicht einfach mit den Lebensumständen Alt-Israels oder zu Zeiten des Neuen Testamentes, in die Jesus, die Propheten und Apostel den Willen Gottes sehr konkret hineingesprochen haben. Wir stehen heute vor der Aufgabe, den Willen Gottes auf unsere, vielfach doch anders geartete Situation anzuwenden und in ihr – so weit wie immer möglich – als Verheißung für unser Leben Wirklichkeit werden zu lassen.

> Die biblisch-theologische Orientierung ist *eine* Sache – unsere heutige ethische Urteilsbildung eine *andere*

Entscheidend: die bleibende, anhaltende Bereitschaft, auf den Willen Gottes zu hören

4. Entscheidend sind darum nicht Regeln, auf die wir uns im Wissen um den Stückwerkcharakter unserer Erkenntnis (1Kor 13,9.13) verständigt haben; entscheidend ist die Bereitschaft, immer neu auf das zu hören und sich zu dem rufen zu lassen, was Jesus als Gottes Willen „im Anfang" neu in Erinnerung gebracht und normativ gemacht hat.

b) Zusammenleben außerhalb der Ehe?

Darf man vor der Ehe zusammenziehen?

Zum Thema Ehe gehört die Erörterung zweier Fragen, die heute an vielen Orten aktuell sind und durchaus kontrovers beantwortet werden:

1. Dürfen zwei junge Menschen, die sich lieb haben und heiraten wollen, schon vor der Ehe zusammenziehen?
2. Dürfen zwei allein stehende, in der Regel schon ältere Menschen in eine gemeinsame Wohnung ziehen, ohne vor dem Standesamt zu heiraten?

Wie steht es mit dem sog. Rentner- oder Seniorenkonkubinat?

Für beide Verhaltensweisen lassen sich ja vernünftige Gründe anführen:

- Wenn wir sowieso heiraten, warum dürfen wir dann nicht auch schon vor der Ehe zusammenziehen? Ist es nicht gleichgültig, wenn wir schon vor dem offiziellen Hochzeitstermin zusammenziehen? Hauptsache: wir lieben uns!
- Vor Gott – und ggf. auch vor der Gemeinde, die man ja in den Entschluss, gemeinsam zu leben, einbeziehen kann – gehören wir zusammen. Wir verzichten nur auf die standesamtliche Trauung, um damit Einbußen bei Renten- oder anderen -zahlungen zu vermeiden.

Warum nicht zusammenziehen, wenn wir uns lieben?

Ist nicht allein das Jawort vor Gott und der Gemeinde Jesu wichtig?

Beide Positionen zeichnen sich dadurch aus, dass sie markieren: Wir wollen uns im Grundsatz an biblische Vorgaben halten. Auf dieser gemeinsamen Basis: „Wir sind Gemeinde des dreieinigen Gottes, die nach seinem Willen und gemäß seinen Verheißungen leben will“, bauen die folgenden Antworten auf.

1. Zusammenleben vor *der Ehe?*[120]

(1) Alles, was die Heilige Schrift zum Thema Liebe, Ehe, Sexualität, gemeinsames Leben sagt, hat den Grundtenor: Das Zusammenleben eines Mannes und einer Frau, das Teilen von Tisch und Bett, hat seinen *ausschließlichen* Ort in der Ehe.

> Das Zusammenleben von Mann und Frau hat seinen ausschließlichen Ort in der Ehe

(2) Das „Ein-Fleisch-Sein“ von 1. Mose 2,24 bedeutet den Eintritt in eine Ehe. Ein Mann wird Vater und Mutter, seine angestammte Heimat, den ihn bestimmenden und definierenden sozialen Kontext, verlassen und seiner Frau anhangen, mit ihr eine neue, unauflösbare Einheit bilden, und die zwei werden ein Fleisch sein: im Sinne einer sozialen Einheit und einer körperlichen Vereinigung.

> Ehe beginnt, wo die zwei im umfassenden Sinne „ein Fleisch“ werden

(3) Wenn ein Paar zusammenzieht, praktiziert es damit Ehe, ohne doch in einer Ehe zu leben. Was Ehe ist, muss auch nach außen als solche erkennbar sein und die entsprechende Verbindlichkeit bekommen. Damit es nicht zu einer „wilden Ehe“ kommt, sollte diese Beziehung baldmöglichst unter den Segen Gottes und durch die Beurkundung im Standesamt unter öffentlichen Schutz und Anerkennung gestellt werden. Dadurch wird sie auch vor Missverständnissen bewahrt werden, die der christlichen Gemeinde wie dem Paar schaden können.

> Wenn ein Paar schon zusammengezogen ist, sollte es so bald wie möglich zum Standesamt gehen

(4) Es entspricht der Ehe als der von Gott gewollten Lebensform, dass sie von Christen nur unter dem Segen Gottes gelebt werden kann. Das heißt:

> Erst der Segen Gottes, dann der Vollzug der Ehe

[120] Siehe auch unten X, c).

Erst kommt der Segen, dann kommt der Vollzug der Ehe!

Erst die standesamtliche und kirchliche Trauung, dann die gemeinsame Wohnung

(5) Es entspricht der Ehe als einer öffentlichen, im Rahmen einer Gemeinschaft von anderen Menschen gelebten „Institution" (Einrichtung), dass sie von diesen anerkannt und geschützt wird. Das heißt: Erst kommt die Trauung vor dem Standesamt, dann zieht man zusammen.

Wann beginnt eine Ehe?

Das heißt: Die Ehe beginnt für Christen dann, wenn sie vor dem Standesamt eine öffentliche, rechtlich verbindliche Verpflichtung eingegangen und – selbstverständlich – den Segen Gottes für ihren gemeinsamen Lebensweg erbeten und empfangen haben.

(6) Die genannte Argumentation für das Zusammenwohnen vor der Ehe muss also genau andersherum lauten: Wenn ihr sowieso als Eheleute zusammenleben wollt, warum heiratet ihr dann nicht erst? Wenn ihr schon zusammenzieht, warum dann nicht von vornherein unter dem Segen Gottes und mit der öffentlichen Anerkennung eurer Beziehung?

Körperliche Vereinigung außerhalb der Ehe ist „Unzucht", d. h. Sünde

(7) Die körperliche Vereinigung gehört ausschließlich in die Ehe. Ihr Vollzug ist außerhalb der Ehe: ohne standesamtliche und kirchliche Trauung, „Unzucht" und also Sünde.

(8) Ohne das für ein konkretes Paar unterstellen zu wollen, zeigt die Erfahrung: Wo Menschen zusammenleben, ohne sich doch vor Gott und Menschen *verbindlich* aufeinander einzulassen, sprich: die Ehe zu schließen, da besitzen diese unehelichen Verbindungen eine (noch) geringe(re) Bindekraft (als das Eheversprechen).

Verbindlichkeit benötigt nicht nur eine Liebeserklärung

Die Erfahrung zeigt: Eine ins Ohr geflüsterte innige Erklärung ewiger Liebe hat – so ehrlich sie in der gegebenen Situation gemeint ist – in der harten Alltagsrealität mit ihren Spannungen und Konflikten sehr bald nur noch eine geringe Bindekraft.

Uneheliche Beziehungen gehen sehr schnell auseinander. Und auch da, wo man sich einander verlobt hat, wiegt dieses Wort in der Regel im Konfliktfall nicht schwer genug, um beieinander zu bleiben. Das öffentliche, für die bürgerliche wie vor der kirchlichen Gemeinde abgegebene Eheversprechen ist darum auch eine Hilfe für das Überleben einer Beziehung, die sonst geringere Überlebenschancen hätte.

Das öffentlich abgegebene und rechtlich verbindliche Eheversprechen stabilisiert die Ehe zusätzlich

(9) Das Profil einer christlichen Ehe wird durch das Zusammenleben von unverheirateten Paaren ver*un*deutlicht. Unser Verhalten wirkt sich immer aus. Wenn in der Gemeinde Menschen unverheiratet zusammenleben, dann geben sie kein gutes Vorbild für andere, speziell junge Menschen ab, die nach Orientierung suchen.

Unser Verhalten wirkt in jedem Fall „vor-bildlich"

(10) Unabhängig von einer Eheparänese, die werbend verdeutlicht, dass es ein Zusammenleben von Christen vor und außerhalb der Ehe *grundsätzlich und für alle* nicht gibt, kann in unseren Gemeinden und Gemeinschaften niemand *mitarbeiten* oder gar leiten, der vor der Ehe oder außerhalb der Ehe mit einem anderen Menschen zusammenlebt. Gemeint ist natürlich eine eheliche oder eheähnliche Partnerschaft mit einem Menschen des anderen Geschlechts. (Zur Frage homosexueller Lebensgemeinschaften vgl. Hempelmann: Liebt Gott Schwule und Lesben?)

Mitarbeit in der Gemeinde ist nur möglich, wenn jemand nicht vor bzw. außerhalb der Ehe mit einem anderen Menschen zusammenlebt

(11) Es ist selbstverständlich, dass unverheiratete Paare auf gemeinsamen Reisen nicht in einem gemeinsamen Zimmer übernachten. Christliche Reiseveranstalter kennen selbstverständlich keine anderen Regelungen – auch *für* Nichtchristen nicht, die mit ihnen reisen möchten. Der Wille des Schöpfers ist für alle Menschen gut und hilfreich. Auf Konflikte, die zu zurechthelfenden Klärungen führen können, lassen wir uns bewusst ein.

Die Grundsätze gelten selbstverständlich auch für den Bereich von Freizeit und Urlaub

Weder sollte die Gemeinschaft einer Gruppe durch die Frage nach dem Charakter der Beziehung eines unverheirateten Paares belastet werden, noch sollte sich ein Paar dem Zweifel Dritter ausgesetzt sehen, die ihrer Beteuerung keinen Glauben schenken, dass sie nicht miteinander schlafen, oder dass sie ja faktisch schon miteinander verheiratet seien.

2. Exkurs: Den zukünftigen Partner vor der Ehe „ausprobieren“?

Ist es nicht sinnvoll, ja nötig, den zukünftigen Ehepartner vor der Ehe „auszuprobieren“?

Dagegen spricht:

- Das ist gegen die Verheißung Gottes
- Man kann einen Menschen nicht ausprobieren
- Die erste körperliche Vereinigung kann man nur einmal geben
- Sie hat enorme Bindewirkung
- Den Partner kann man nicht testen wie einen Gegenstand
- Die Vorstellung von der „sexuellen Passung“ zweier Menschen ist falsch

Die immer noch zu hörende Argumentation, man müsse doch einen anderen Partner erst „ausprobieren“, bevor man sich lebenslang verbindlich an ihn bindet, vermag aus mehreren Gründen nicht zu überzeugen:

(1) Auf einem solchen Verhalten ruht nicht der Segen Gottes. Es ist gegen Gottes Willen und erfährt darum nicht seine Verheißung.

(2) Man kann einen anderen Menschen – vor allem nicht sexuell! – „ausprobieren“, wie man den Sitz oder die Fahrweise eines Autos ausprobiert.

(3) Die erste körperliche Vereinigung ist ein Geschenk, das man nur einmal geben und eine Erfahrung, die man nur einmal machen kann.

(4) Das gilt umso mehr, als diese Vereinigung für den jungen Mann, noch mehr aber für die junge Frau mit tief greifenden seelisch-emotionalen Prägungen verbunden ist, die außerordentliche Bindungswirkung haben. Diese kann man nicht einfach rückgängig machen.

(5) Der Partner ist kein Gegenstand, den ich – objektiv – testen kann; ich erfahre ihn nur, indem ich mich auf ihn einlasse. Wie ich ihn erfahre, das hängt ganz wesentlich auch von mir ab. Ob eine Beziehung gelingt, kann ich darum nicht probeweise, nur halb verbindlich herausbekommen; ich erkenne es erst, wenn ich mich auf diese Beziehung eingelassen habe.

(6) Die sexuelle Seite der Partnerschaft darf dabei nicht überbetont werden. Gelingende Sexualität ist immer Ergebnis einer ganzheitlich gelingenden Beziehung. Die Vorstellung, dass zwei Menschen

sexuell zueinander „passen" oder „nicht passen", ist darum falsch und unangemessen.

(7) Ob zwei Menschen miteinander leben können oder nicht, ob sie sich gegenseitig auch sexuell, erotisch und überhaupt menschlich anziehen – oder nicht, das können sie auch unabhängig von einer vorweggenommenen Gemeinschaft von Tisch und Bett erfahren.

(8) Der Wunsch, angesichts so vieler gescheiterter Beziehungen „auf Nummer sicher zu gehen", ist zwar verständlich. Ein probeweises Sich-Aufeinander-Einlassen kann aber die gestellte Frage nicht beantworten: eben weil es eine Ehe auf Probe nicht gibt. Eine Chance für eine Beziehung gibt es nur dort, wo das Paar nach dem Willen Gottes fragt und das Projekt gemeinsamen Lebens mit Gottes Hilfe und unter seinen Verheißungen energisch und mit ganzer Kraft realisieren will.

Eine Ehe auf Probe gibt es nicht

Unabhängig davon zeigt die seelsorgerliche und psychologische Erfahrung: Ehen scheitern nur selten an sexueller Inkompatibilität[121].

(9) Sehr viel wird davon abhängen, dass wir zu einer entsprechend deutlichen und Mut machenden Unterweisung in unseren Gemeinden und Gemeinschaften, in Jugendkreisen und bei anderen einschlägigen Gelegenheiten bereit sind.

Haben wir den Mut zu einer eindeutigen Position?

3. Nichteheliches Zusammenleben nach der Ehe? Ist das so genannte „Rentnerkonkubinat"[122] eine christliche Lebensform?

(1) Im Grundsatz gelten hier dieselben Überlegungen wie unter 2.

Das Beziehen einer gemeinsamen Wohnung realisiert das, was biblisch „Ein-Fleisch-Sein" heißt.

[121] Sexuelle Inkompatibilität: die beiden Partner passen nicht zusammen.

[122] Konkubinat: eine andauernde außereheliche Lebensgemeinschaft („wilde Ehe").

Die eheliche Beziehung von Mann und Frau bedarf einer doppelten Anerkennung:
- in der Gemeinde
- in der Welt

Das heißt, das unverheiratete Paar lebt Ehe, ohne eine solche vor Gott und Menschen öffentlich verpflichtend begründet zu haben. Das Ein-Fleisch-Sein bedarf einer doppelten Anerkennung:

- Bevollmächtigte der christlichen Gemeinde legen den Segen Gottes auf das Paar und stellen es unter die Zusage seiner Hilfe und Begleitung. Nach Martin Luthers Zwei-Reiche-Lehre handelt es sich hierbei um „das Reich Gottes zur Rechten". Hier, in der christlichen Gemeinde geschieht direkt und unvermittelt Gottes Willen durch die, die seine wiedergeborenen Kinder sind.
- Bevollmächtigte der bürgerlichen Gemeinde erkennen die beiden Verlobten unter bestimmten Umständen als verheiratet an und stellen sie damit auch unter den Schutz der weltlichen Gemeinschaft, in der sie leben. „Es gibt keine Kultur der Welt", führt Helmut Burkhardt aus, in der die „Ehe als Geschlechtsgemeinschaft nicht einer solchen rechtlichen Institutionalisierung" unterzogen würde. „Auch in der Bibel ist sie immer ganz selbstverständlich vorausgesetzt."[123] Im Rahmen von Martin Luthers Zwei-Reiche-Lehre, der hier vor allem Römer 13,1ff. zu verstehen und umzusetzen sucht, sprechen wir hier vom „Reich Gottes zur Linken". Es regelt die weltlichen Ordnungen, die als solche nicht die christliche Gemeinde betreffen, aber dennoch unter dem Willen und Gebot Gottes stehen.

(2) Diese an sich von den Betroffenen in aller Regel auch anerkannten Grundsätze werden aber durch zwei Überlegungen in Frage gestellt:

---

[123] Helmut Burkhardt, Ehe und Ehescheidung in christlicher Sicht, in: ThBeitr 26 (1995), 38f; und Walter Klaiber, Wann beginnt die Ehe und was begründet sie?, in: ThBeitr 12 (1981).

- Reicht nicht im Prinzip auch eine allein „kirchliche Trauung“? Muss unsere Beziehung unbedingt standesamtlich registriert sein?
- Diese Frage wird umso dringlicher, je mehr eine standesamtliche Registrierung auch mit finanziellen Nachteilen verbunden ist, die ggf. einschneidend sein und die Lebensqualität negativ beeinflussen können.

Reicht nicht auch die kirchliche Trauung?

Für das so genannte Rentnerkonkubinat wird auch in engagiert christlich lebenden Kreisen mit zunächst einleuchtenden Argumenten votiert. Die Ausgangslage ist wie folgt: Zwei Menschen haben jeder für sich Rentenansprüche erworben: aufgrund von eigener Berufstätigkeit und – als Hinterbliebene, die – nach dem Modell der so genannten Hausfrauenehe den Haushalt geführt und die Kinder erzogen hat – aus der Berufstätigkeit des verstorbenen Partners. Heiraten diese beiden Menschen, dann erlöschen die Rentenansprüche, die sich aus der Berufstätigkeit des verstorbenen Ehepartners im Rahmen der Hausfrauenehe ergeben haben. Der Staat setzt juristisch wie noch zur Zeit der Weimarer Verfassung unverändert voraus, dass ja nun an die Stelle des einen Versorgers, der verstorben war und aus dessen Rente die hinterbliebene Witwe einen Anteil bekam, ein anderer Versorger getreten ist, ihr darum – nach diesem Versorgungsmodell – wegen der neuen Versorgung durch die Ehe mit dem neuen Partner aus dessen Rente eine Versorgung gewährt ist, die die Versorgung durch die Rentenansprüche aus der vorangegangenen Ehe mit dem ehemaligen, verstorbenen Ehepartner überflüssig macht.

Die gegenwärtige Ehegesetzgebung benachteiligt wieder heiratende Witwen (Witwer)

Im Ergebnis ist aber die Summe der Rentenansprüche für die beiden Partner nach der Eheschließung geringer als vorher. Die Ehe wird demnach gegenüber einer nichtehelichen Lebensgemeinschaft (= n.e.L.G.), in der die beiden ohne standesamtliche Trauung zusammenleben, finanziell schlechter ge-

Eine nicht-eheliche Lebensgemeinschaft zahlt sich gegenüber einer Ehe finanziell aus

stellt und somit benachteiligt. Die Vermutung liegt zumindest nahe, dass diese Schlechterstellung der Ehe gegenüber einer n.e.L.G. einen Verstoß gegen § 6 GG und den dort geforderten Schutz von Ehe und Familie darstellt.

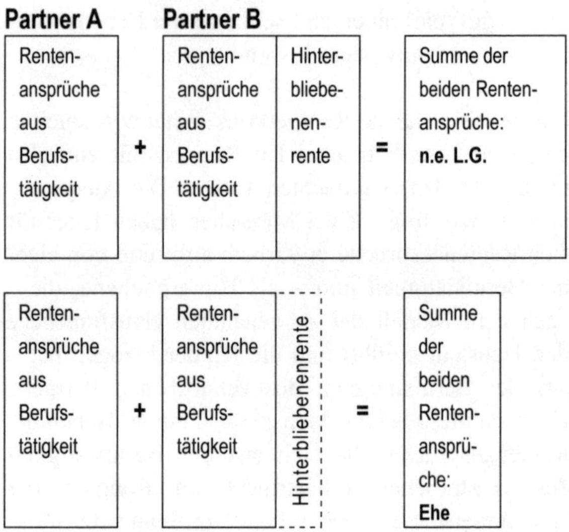

(3) Zunächst sind Überlegungen verständlich und nachvollziehbar, die (a) hinsichtlich der offenbaren Gerechtigkeitslücke, (b) im Hinblick auf den offenbar gegebenen Verstoß gegen eine Weisung des Grundgesetzes und schließlich angesichts (c) der womöglich massiven finanziellen Nachteile in der in aller Regel ohnehin nicht luxuriösen wirtschaftlichen Situation des Rentnerdaseins für eine kirchliche Trauung plädieren und sich zugleich dafür aussprechen, unter den gegebenen Umständen auf eine standesamtliche Registrierung der in der Gemeinde und vor Gott geschlossenen „Ehe“ zu verzichten (vgl. unten die Darstellung der Position von Hattenhauer und deren kritische Analyse). Die Fragen liegen nahe, ob denn (a) nicht eine Trauung vor der

– christlichen – Gemeinde ausreichend ist: „Reicht es nicht, dass wir einander vor Gott unsere Liebe bekannt und uns zur Ehe als dauerhafter Gemeinschaft verpflichtet haben?“; (b) ob denn eine staatliche Trauung überhaupt notwendig ist und (c), ob denn unser Staat und unsere Gesellschaft überhaupt eine solche Anerkennung verlangen darf: „Hat sie das Recht darauf nicht schon durch die Aushöhlung der Ehegesetzgebung und konkret durch Regelungen verwirkt, die Menschen durch finanzielle Schlechterstellung bestrafen, die sich standesamtlich trauen lassen?“

Die Gerechtigkeitslücke lässt fragen: Reicht nicht eine bloß kirchliche Trauung?

(4) Bei allem Verständnis gibt es aber doch Überlegungen, die ein Rentnerkonkubinat als christliche Lösung nicht geraten sein lassen.

a) Zunächst ist darauf hinzuweisen, dass ein Tun oder Unterlassen nicht schon dadurch legitimiert ist, dass es finanzielle oder andere Nachteile für mich minimiert. Dass ich finanzielle Nachteile habe, wenn ich meine Steuererklärung als Teil einer verschwindenden Minderheit in Deutschland korrekt ausfülle, kann im Ernst kein Argument dafür sein, Steuern zu hinterziehen.
b) Entsprechendes gilt ja insbesondere für praktiziertes Christsein. Haben wir nicht immer wieder vordergründig, mindestens auf Zeit, manchmal aber auch tatsächlich und auf Dauer Nachteile in Kauf zu nehmen, wenn wir nach dem Willen Gottes zu leben versuchen? Wenn zwei Christen auch in vorgerücktem Alter, vielleicht, nachdem beide ein Leben lang Singles waren oder ihre Partner verstorben sind, beschließen, zusammenzuziehen, dann dürfen sie des Segens Gottes gewiss sein, der darauf liegt, dass sie seinem Willen entsprechend eine vor Gott und Menschen geltende Beziehung eingehen und eine Ehe schließen.

Gegen das Rentnerkonkubinat spricht:
- Die Vermeidung von persönlichen Nachteilen legitimiert nicht alles
- Das Leben nach dem Willen Gottes bringt immer wieder vordergründig Nachteile

c) Die Gemeinde Jesu muss freilich nicht passiv bleiben, sondern kann konkrete Schritte zur Hilfeleistung unternehmen:

In Notfällen sind die Mitchristen gefordert

- Wo die Eheschließung zu gravierenden finanziellen Einbußen, ggf. Armut etc. führt, ist die Gemeinde Jesu gefragt und aufgerufen, in diesen Fällen (wie in anderen entsprechend auch!) finanziell Beistand zu leisten.[124] Konkret wäre zu klären, ob für diese Fälle nicht ein Fonds geschaffen wird, aus dem Unterstützung für die betreffenden Ehepaare gezahlt wird (vgl. 1Tim 5,7–9)[125].
  Zusammen mit der Gemeinde ist die eigene Familie in den Fällen gefordert, in denen der Gehorsamsschritt einer erneuten standesamtlichen Registrierung zu erheblichen finanziellen Einbußen und zu einer wirtschaftlich schwierigen, nicht oder nur schwer lebbaren Lage führt.
- Es wäre zu erwägen, ob nicht die einschlägigen rentenrechtlichen Regelungen als mit dem Grundgesetz unvereinbar vor Gericht, ggf. bis zum Bundesverfassungsgericht, angefochten werden.

d) Entfernt sich unser Staat aber nun nicht immer mehr von seinen christlichen Wurzeln, und muss uns überhaupt so viel an staatlicher Legalität gelegen sein? Tatsächlich führt ein immer weiter fortschreitender und sich auch

---

[124] Etwaige Initiativen und Regelungen müssen aber das Gemeinnützigkeitsrecht berücksichtigen. Vermutlich können die Gemeinschaftsverbände solche Leistungen nicht selber erbringen, weil sie nicht ihrem Vereinszweck entsprechen.

[125] „Und dies gebiete, damit sie untadelig seien! Wenn aber jemand für die Seinen und besonders für die Hausgenossen nicht sorgt, so hat er den Glauben verleugnet und ist schlechter als ein Ungläubiger. Eine Witwe soll ins Verzeichnis eingetragen werden, wenn sie wenigstens sechzig Jahre alt ist, *eines* Mannes Frau (war), …“

im Bereich der Rechtsprechung wie Gesetzgebung auswirkender Säkularisierungsprozess dazu, dass sich unser Staat immer mehr von seinen christlichen Wurzeln entfernt und speziell das biblische Menschenbild an normativer Wirkung einbüßt. So bedauernswert dieser Prozess auch sein mag, so wenig ist die Bindung einer öffentlichen Ordnung an ein christliches Menschenbild Voraussetzung für die Anerkennung dieser öffentlichen Ordnung. Paulus hat seine Mitchristen mit großer Deutlichkeit dazu aufgefordert, den wahrlich nicht durch christliche (oder jüdische) Grundwerte bestimmten Römischen Staat als Ordnungsmacht anzuerkennen. Dabei hat er den „Gehorsam" gegenüber der Obrigkeit in einer doppelten Weise begründet: (a) mit dem Nutzen, den ein funktionierendes, geordnetes Gemeinwesen auch für Christen hat, ja gerade für sie als potentiell unterdrückte oder verfolgte Minderheit, (b) mit dem Hinweis, dass hinter dieser Obrigkeit, die Beziehungen, Ordnungen und damit Leben schützt, Gott selber steht (Röm 13,1–7).

Auch wenn sich der Staat immer mehr von seinen christlichen Wurzeln entfernt, haben Christen die Aufgabe, seine Ordnungen zu stützen

Damit ist für Christen klar:

- Die Anerkennung staatlicher Ordnungen hängt nicht von deren christlichen Charakter ab (eine Ausnahme ist nur dort gegeben, wo staatliche Ordnungen im Gegensatz stehen zu Anordnungen Gottes; dort gilt: Man muss Gott mehr gehorchen als den Menschen, Apg 5,29).
- Christen und ihre Gemeinden können sich nicht einfach abkoppeln von den Ordnungen, die es im öffentlichen Bereich und säkularen Leben gibt. Auch deshalb hat Paulus darum geworben, dass Christen sich um eine Akzeptanz durch den profanen Kontext: die „weltliche Gesellschaft", bemühen, in der sich

christliche Gemeinde bewegt (vgl. 1Tim 2,1ff.; Tit 3,1ff.). Christen sollen durch ihre Lebensführung das Vertrauen derer gewinnen, „die draußen sind“ (vgl. 1Kor 5,12), um so dem Evangelium (zusätzlich) den Weg zu bereiten (vgl. auch 1Thess 4,11f.).

Warum sollten Christen auch einen säkularen Staat stützen und unterstützen?

- Es sind nicht nur Gründe der Opportunität[126], die Christen staatliche Ordnungen und Regelungen respektieren lassen. Durch den Staat und seine Einrichtungen wirkt Gott selbst dem apokalyptischen[127] Chaos, der das Leben bedrohenden Un-Ordnung entgegen. Christen werden also auch um den Preis persönlicher Nachteile willen diese staatlichen Ordnungen unterstützen. Das gilt speziell da, wo diese Ordnungen noch einen Nachhall biblischer Lebensordnungen darstellen, wie im Fall des staatlichen Angebotes, auf Dauer angelegte, auf Lebenszeit verpflichtende, vom Staat (immer noch) geförderte Beziehungen einzugehen.

  Es sind also in summa sehr grundsätzliche, sehr weitreichende Überlegungen, die uns als Christen dazu bewegen sollten, bei unserer Steuererklärung wie bei der Anerkennung unserer Ehen den Staat, in dem wir leben, zu stützen und speziell die Regelungen zu unterstützen, die noch am ehesten einen Widerhall des Dekalogs erkennen lassen.

Unser Zusammenleben hat Vorbildcharakter

e) Im Übrigen gilt auch hier der bereits oben artikulierte Gesichtspunkt des Vorbildcharakters allen unseres Handelns. Wie sollen wir als Gemeinde jungen Menschen plausibel machen, dass sie nicht unverheiratet zusam-

---

126 Opportunität = grundsatzlose Anpassung an die jeweiligen Zustände auf dem Weg des geringsten Widerstandes.

127 Apokalyptisch: endzeitlich.

129 Postmoderne: eine Zeitströmung, die nicht mehr nach der *einen* verbindlichen Wahrheit fragt, die – weil sie die Wahrheit ist – für alle gilt, sondern viele individuelle Wahrheit*en* (in der Mehrzahl) behauptet.

menziehen sollen und dass wir keine „wilden Ehen“ wollen, weil diese gegen Gottes Gebot und Verheißung sind, wenn wir älteren Geschwistern genau diese Gestaltungsmöglichkeit ihrer Beziehung einräumen?

f) Als Gemeinde sind wir ein Brief Christi (vgl. 2Kor 3,2f.) in dieser Welt. Die Art, wie wir unsere Beziehungen gestalten, spricht mehr in diese Gesellschaft hinein als 1 000 Predigten über die 10 Gebote. Unterwerfen wir die Gestaltung unserer Lebensverhältnisse postmoderner[129], individueller Beliebigkeit und dem Gesichtspunkt persönlicher Vorteilsnahme? Muss selbst die Gemeinde dann noch dazu dienen, individuelle Wünsche buchstäblich „abzusegnen“? Oder geben wir durch unser Verhalten zu erkennen, dass wir überindividuelle Ordnungen für unser Leben in dieser Gesellschaft – und vor Gott – anerkennen?

Wir sind als Christen ein Brief Christi

4. Zur Legitimität eines so genannten „Rentnerkonkubinates“[130] nach H. Hattenhauer

(1) Der bekannte Jurist Hans Hattenhauer hat sich mit Nachdruck und Engagement für die Praxis eines so genannten „Rentnerkonkubinates“ in christlichen Kirchen und Freikirchen ausgesprochen (vgl. Was wird aus der Ehe? Christliche Ehe und Rentnerkonkubinat). Sein Argumentationsziel ist es, die „Gewissensnot“ vieler engagierter Christen in dieser Frage zu beheben. Sie wagen diese nichteheliche Lebensgemeinschaft entweder nicht und nehmen dafür dann – wie Hattenhauer meint, ohne wirklichen Grund! – wirtschaftliche Nachteile in Kauf. Oder sie realisieren diese Form einer n.e.L.G., um

Ist die „Onkelehe“ erlaubt, wenn eine Trauung vor der Gemeinde stattgefunden hat?

[130] Statt Rentnerkonkubinat spricht man auch von Seniorenkonkubinat, also dem Zusammenleben von älteren Menschen in einer nichtehelichen Lebensgemeinschaft.

solche Nachteile zu vermeiden, tun dies aber dann mit schlechtem Gewissen. Ein Rentnerkonkubinat, im Volksmund wohlwollend „Onkelehe" genannt, ist für Christen erlaubt, wenn sie zwar auf die Registrierung beim Standesamt, nicht aber auf die christliche, kirchliche Trauung verzichten. Hattenhauer bringt dafür die folgenden Argumente:

Wie begründet Hattenhauer, dass das Rentnerkonkubinat erlaubt ist?

a) Die Praxis, dass Rentner Rentenansprüche verlieren, wenn sie wieder heiraten, stellt ein Unrecht dar. Sie beruhe auf dem veralteten Ehemodell der Hausfrauenehe. Heute akkumuliere nicht mehr nur einer, der Ehemann, Rentenansprüche, sondern beide, Mann und Frau. Die Bundesregierung habe auch bereits versprochen, diesen Missstand zu beheben.
b) Die Öffentlichkeit billigt „die Onkelehe", weil sie deren Motiv: die Rentensicherung, versteht.
c) Der für den Gesetzgeber hinsichtlich der n.e.L.G: im Gegensatz zur Ehe gegebene „Vorbehalt jederzeitiger Kündbarkeit" könne durch eine Trauung in der Gemeinde aufgefangen werden.
d) Kirchenehe und weltliche Ehe seien zu trennen. Man müsse und dürfe von einer Duplizität (Doppelheit) nebeneinander bestehender und voneinander unabhängiger Eherechtssysteme ausgehen. Der Staat akzeptiere die kirchliche Trauung als einen vom staatlichen Trauungsakt unabhängigen Sachverhalt. Es sei vor allem römisch-katholisches Recht (im codex juris canonici), dass die christliche Ehe aus sich heraus Bestand habe, und der Staat lasse diese Position gelten.
e) Eine alleinige kirchliche Trauung ohne standesamtliche Registrierung ziehe keine Sanktionen mehr nach sich. Ein entsprechendes Verhalten müsse entkriminalisiert werden.

f) Entscheidend sei: „Für die Gemeinde sind die Getrauten … Eheleute, für die Welt dagegen nicht.“[131]
g) Schließlich: „Die Entwicklung unseres Eherechts läuft sowieso in die Richtung zunehmender Privatisierung der Ehe.“[132]

(2) Hattenhauer verfolgt ein wichtiges Ziel. Er will die Gewissensnot beheben, unter der viele Christen leben. Seine Argumentationen vermögen aber aus mehreren Gründen nicht zu überzeugen:

> Warum wir Hattenhauer nicht folgen können:
> - Die gegenwärtigen Regelungen stellen geltendes Recht dar
> - Die Billigung der Öffentlichkeit ist kein Argument

a) Die Tatsache, dass es von Seiten der Regierung unverbindliche Meinungsäußerungen hinsichtlich der Reformbedürftigkeit der gegenwärtigen Rentenregelungen für Verwitwete gibt, ändert nichts daran, dass die gegenwärtigen Regelungen bis auf weiteres geltendes Recht darstellen. In welches Chaos kämen wir hinein, wenn wir im Hinblick auf ein von uns als Unrecht empfundenes und in Erwartung auf ein in der Zukunft zu änderndes Recht genau dieses für die Gegenwart selbst in die Hand und in eigener Machtvollkommenheit vorwegnehmen? Das gegenwärtige Rentenrecht mag veraltet sein –, aber es ist nichts desto trotz in Geltung.
b) Die Billigung der „Onkelehe“ bzw. des Rentnerkonkubinates in breiten Teilen der Öffentlichkeit kann im Ernst kein Argument für ihre Legitimität sein. Dieselbe Öffentlichkeit findet auch nichts dabei, dass heute viele junge Leute ohne Trauschein vor der Ehe oder auch ohne das Ziel einer Eheschließung zusammenziehen. Ist ein solches Verhalten deshalb akzeptabel?
c) Wenn sich das Rentnerkonkubinat wie andere Formen von n.e.L.G.en im Gegensatz zur

[131] Ebd., S. 9.
[132] Ebd., S. 11.

Ehe darstellt als „ein auf gemeinsame Lebensführung gerichtetes Personenrechtsverhältnis unter dem Vorbehalt jederzeit möglicher, formloser und fristloser Kündbarkeit“, dann ist genau dies die Frage, ob denn eine juristisch unverbindliche Trauung die Verbindlichkeit begründen kann, die eine so tief in die persönliche Existenz eingreifende Maßnahme wie die Begründung gemeinsamen Lebens „bis dass der Tod uns scheidet“ bedarf. Fragen müssen erlaubt sein – angesichts etwa einer weitgehenden Unfähigkeit zu nahezu jeder Form von Gemeindezucht. Wie verbindlich sind solche rein geistlichen Vollzüge?

Wie verbindlich sind rein geistliche Versprechen?

d) Der Ansatz bei einer „Duplizität der Rechtssysteme“ übersieht Folgendes:
   - Er ist römisch-katholischer Natur. Ein protestantischer Christ wird sich doch nur mit großer Mühe auf das hier zugrunde liegende Bild von Kirche: ihrer Heilsmittlerschaft, ihrer Gottesunmittelbarkeit und ihrer Bedeutung in der Welt und die entsprechende Verhältnisbestimmung von weltlicher und kirchlicher Macht einlassen können.
   - In der Tradition einer Zwei-Reiche-Lehre, die Römer 13,1ff. umzusetzen sucht und dem Staat wesentliche Bedeutung und Rechte einräumt für die ordentliche Regelung des menschlichen Zusammenlebens, dessen Teil die Gemeinde ist, wird man sich nicht einfach vom Staat und seinen Ordnungen absentieren können. Evangelische Christen werden Mühe haben, sich einfach von staatlichen Regelungen als nicht rechtsverbindlich abzukoppeln.[133]

Die Anschauung von der Duplizität der Rechtssysteme ist römisch-katholisch

Evangelische Christen können sich nicht einfach von der Verbindlichkeit staatlicher Regelungen befreien

[133] Vgl. die Argumentation Hattenhauers, S. 5.

- Die von Hattenhauer behauptete Unabhängigkeit der beiden Systeme besteht weder de facto noch auch von der juristischen Theorie her. So lautet ja gerade § 11 des EheG: „Eine Ehe kommt nur zustande, wenn die Eheschließung vor einem Standesbeamten stattgefunden hat." Und so formuliert ja gerade §67 PStG mit dem Grundsatz der so genannten „obligatorischen Zivilehe" die Pflicht vorheriger standesamtlicher Trauung, die vor einer kirchlichen vorgenommen werden muss. Es ist also mitnichten so, dass kirchliches und staatliches Recht voneinander keine Notiz nehmen. Wer sich in einer so elementaren Frage wie der Trauung von staatlichen Grundsätzen und Gesetzen verabschiedet, verliert die Legalität seines Handelns.

e) Dass eine alleinige kirchliche Trauung kein unproblematisches Verhalten darstellt, zeigt die Tatsache, dass der Staat ein solches Handeln als Ordnungswidrigkeit einstuft. Sollen ausgerechnet Christen noch zur Aushöhlung des Rechts- und Unrechtsbewusstseins beitragen?

Verzicht auf standesamtliche Trauung stellt eine Ordnungswidrigkeit dar

f) Kann es Christen wirklich gleichgültig sein, ob sie „für die Welt" Eheleute sind oder nicht? Ist die Christengemeinde so aus der Bürgergemeinde entnommen, dass es ihr gleichgültig sein darf, wie diese über sie denkt? Sollen Christen nicht nach Römer 13 und den entsprechenden Aussagen in den Pastoralbriefen[134] (vgl. auch 2Kor 3,2f.) nicht um einen guten Leumund bemüht sein – auch aus Gründen der missionarischen Ausstrah-

Ein guter Ruf – für das NT ein Argument

[134] Pastoralbriefe: Bezeichnung für die beiden Timotheus- und den Titusbrief, die Paulus in besonderer Weise als Hirte (lat.: *pastor*) in Erscheinung treten lassen.

lung? Wie verbindlich sind solche rein geistlichen Vollzüge? Wie stehen solche Ehen in der Öffentlichkeit da? Fehlt ihnen nicht doch Legalität und Legitimität?

g) Wenn Hattenhauer argumentiert, das traditionelle Ehebild und Eherecht löse sich sowieso auf, heißt das im Klartext: Wir liegen mit der Argumentation und der Praxis eines Rentnerkonkubinats voll im postmodernen Trend. Man ist geneigt, hinzuzufügen: „Und das ist gut so!“ Haben Christen die Aufgabe, zu stürzen, was an christlichen Traditionen und Prägungen ohnehin schon wackelt, oder sollte es ihnen nicht im Gegenteil ein Anliegen sein, so lange wie möglich für diese christlichen, Leben erhaltenden und tragenden Wurzeln unseres Gemeinwesens einzutreten?

Aufgabe des Christen: Nicht stürzen, sondern stützen des Staates

h) In summa: Weder vermag die behauptete Unabhängigkeit der beiden Trauungen theologisch und juristisch zu überzeugen noch das Bild von Christen, Christusnachfolge, christlicher Ehe, das das von Hattenhauer propagierte Verhalten in der Öffentlichkeit ergibt. Auch Christen „lassen fünfe gerade sein“, wenn es ihrem Vorteil dient? Schließlich: Wie wollen wir jungen Menschen, die aus pragmatischen Gründen vor der Ehe in einer n.e.L.G. leben, untersagen, was wir älteren, in der Regel bewährteren Christen, erlauben?

c) „Können wir schon zusammenziehen, nachdem wir bereits standesamtlich geheiratet haben?“[135]

Zusammenziehen ohne kirchliche Trauung?

(1) Wenn ein Paar „zusammenzieht“, also Tisch und Bett teilt, vollzieht es Ehe.

(2) Eine Ehe von Christen wird es nicht geben ohne den Segen Gottes, den ein Paar durch einen Bevollmächtigten der Gemeinde im Namen des dreieinigen Gottes empfängt.

(3) Insofern werden Christen in aller Regel und nicht ohne schwerwiegende Gegengründe an einem Gottesdienst festhalten, in dem sie vor der Gemeinde als der Familie Gottes um den Segen Gottes für ihre Verbindung bitten und diesen zugesprochen erhalten.

Klärung der Rechtsstellung auf dem Standesamt und Wort Gottes in der christlichen Gemeinde gehören in unserer Gesellschaft zusammen.

In unserer Kultur gehören kirchliche und standesamtliche Trauung zusammen

(4) Die Doppelung von kirchlicher und standesamtlicher Trauung in unserer Gesellschaft ist als solche kein unveränderliches „Gesetz der Meder und Perser“, sondern eine gesellschaftlich gewordene und gewachsene Institution ohne Ewigkeitsbedeutung.

Schon die standesamtliche Trauung begründet Ehe

(5) Die alleinige standesamtliche Trauung ohne den Zuspruch des Segens des lebendigen Gottes begründet Ehe. Ansonsten lebten ja alle, die nicht kirchlich getraut sind, in „wilder Ehe“. Weil aber das Begehren und der Zuspruch des Segens Gottes fehlt („… mit Gottes Hilfe“; „… so wahr mir Gott helfe“), ist eine solche Ehe zwar juristisch gültig *begründet*, aber in ihrem inhaltlichen Fundament nur unzureichend *gegründet*.[136]

---

[135] Vgl. außer den folgenden Aussagen die Überlegungen unter X, b) 1.

[136] Theologisch ist hier zweierlei festzuhalten: (a) Natürlich ist auch eine Gemeinschaft von Mann und Frau, die nicht mit Hilfe und d. h. unter dem Segen des dreieinigen Gottes begonnen und geführt wird, Ehe. Ansonsten lebten ja alle Men-

Christen wissen um die Notwendigkeit des Segens und also der Trauung vor Gott und in der Gemeinde

Juristische Begründung und geistliche Gründung sind zweierlei

(6) So wenig wir also Menschen, die allein standesamtlich getraut sind, bestreiten können und werden, dass sie gültig verheiratet sind, so wenig ist der Segen, der in aller Regel in einem Gottesdienst der zuständigen Gemeinde auf das Paar gelegt wird, eine bloße, im Prinzip entbehrliche Formsache. Mit dem Empfang des Segens des lebendigen Gottes erlangen seine Menschen nicht nur das Fundament, das allein ihr gemeinsames Leben tragfähig macht. Die christliche Trauung trägt auch der Tatsache Rechnung, dass der Mensch als das Gott, seinem Schöpfer verantwortliche Wesen sein Leben bewusst vor ihm und nicht unabhängig von ihm gestalten will.

d) „Hebt meine Bekehrung und Wiedergeburt meine Ehe nicht auf, die ich als Nicht-Christ eingegangen bin?"

Heben Bekehrung und Wiedergeburt nicht alles auf, was ich als Nicht-Christ getan habe – auch meine Ehe?

Die Frage: Nach 2. Korinther 5,17 sind wir als Christen eine „neue Schöpfung. Das Alte ist vergangen. Siehe, Neues ist geworden". Bekehrung, Umkehr zu dem dreieinigen Gott ist doch eine Wiedergeburt (vgl. Joh 3,5–8), die das alte Leben durchstreicht und einen Neubeginn darstellt bzw. eröffnet. Gilt das nicht auch für die Ehe? Kann ich gebunden sein durch das, was ich vor meinem Christwerden

---

schen, die verheiratet, aber keine Christen sind, in „wilder Ehe". Insofern *begründet* auch eine standesamtliche Trauung (oder ein entsprechender Akt vor einer entsprechenden Institution in einer anderen Kultur und in einem anderen Rechtssystem) in einer gültigen Weise Ehe. – (b) Genauso klar ist aber, dass es gelingendes Leben nur im Gegenüber zum dreieinigen Gott geben kann. Die Ehe zweier Menschen besitzt ihr solides, gewisses Fundament nicht in sich selbst: weder in der Intensität der Liebe, noch im Maß der Aufopferung oder im Druck der Familien auf das Paar etc. Ehe hat ein gewisses und dauerhaftes Fundament nur dort, wo sie mit Hilfe des dreieinigen Gottes gestiftet und unter seiner Verheißung geführt wird. Darum ist nur eine christliche Ehe ausreichend *gegründet*.
Für die Debatte ist zwischen „begründet" und „gegründet" sorgfältig zu unterscheiden.

getan habe? Hat Jesus, der Herr, mir nicht vergeben? Kann es, darf es sein, dass mich hier Entscheidungen binden und evtl. hindern, die ich getroffen habe, als ich den lebendigen Gott nicht kannte? Bin ich darum als Christ nicht frei, mich scheiden zu lassen und eine neue Verbindung, natürlich mit einem Christen[137], einzugehen?

Wir antworten:

Die „neue Schöpfung“ bezieht sich auf den Stand des Heils

1. Die „neue Schöpfung“ hebt die natürliche Existenz nicht auf. Wenn Paulus von der „neuen Schöpfung“ spricht, dann argumentiert er in soteriologischer[138] Hinsicht. Alles ist dadurch neu geworden, dass wir aus der (Macht der) Sünde, der Beziehungslosigkeit durch Gottes Gnade und die Kraft des Evangeliums (Röm 1,16) herausgetreten sind in die Leben stiftende Beziehung zu Gott (Röm 5,1). Wir haben neues Leben, eine neue Existenz, Frieden mit Gott, weil wir im Glauben an der Sühnekraft des stellvertretenden Todes Jesu Christi teilhaben, der sein Leben für uns, an unserer Stelle dahingab, damit wir neues Leben haben können. Unser Leben haben wir verwirkt. Wir sind „tot durch unsere Vergehungen“ (Eph 2,1). Durch den Glauben an Christus gewinnen wir Anteil an der von ihm gewirkten, neuen Lebensmöglichkeit, die sein Tod uns eröffnet hat. So werden wir eine „neue Schöpfung“. Paulus (und das Johannesevangelium Kap. 3) redet hier über den Heilsstatus des Menschen, nicht über seine natürliche, schöpfungsmäßige Verfasstheit. Paulus erläutert, dass wir versöhnt sind mit Gott (vgl. 2Kor 5,18ff.). Unsere Geschichte

---

137 Wir formulieren in diesem Skript grundsätzlich in inklusiver Sprache und setzen damit ein Zeichen gegen die Sexualisierung unserer Sprache und ihre partielle Zerstörung.

138 Soteriologie: Lehre vom Heil/Heiland. Eine soteriologische Aussage trifft eine Feststellung über Heil/Errettung.

und unser bisheriges Leben einschließlich der eingegangenen Verpflichtungen sind nicht weggewischt.

Die Wiedergeburt hebt die natürlichen Gegebenheiten nicht auf

2. Wenn wir umkehren und neues Leben gewinnen durch die Wiedergeburt, ändert das an unserem Mann- oder Frau-Sein oder an anderen schöpfungsmäßigen, natürlichen Begebenheiten überhaupt nichts. In ähnlicher Weise gilt für die Auslegung von Galater 3,28, dass Paulus nicht bestreitet, dass es in der christlichen Gemeinde weiter Männer und Frauen gibt, dass er wohl aber geltend macht, dass es im Hinblick auf das Heil in Christo keine Unterschiede zwischen Mann und Frau (Freien und Sklaven, Juden und Griechen etc.) geben darf.
3. Als Christen gehen wir mit unserer nichtchristlichen Vergangenheit anders um. Sie ist durch Vergebung und Wiedergeburt nicht ausgelöscht; wohl aber darf die Schuld, die wir auf uns geladen haben, uns nicht weiter von Gott trennen. Unsere Schuld ist uns vergeben. Aber wir sind durch Bekehrung und Wiedergeburt nicht einfach dispensiert[139] von den Verpflichtungen, die wir als Nicht-Christen eingegangen sind: Als Ehemann können wir uns nicht einfach von unserer Ehefrau frei fühlen; als Vater sind wir nicht auf einmal kinderlos und befreit von der Fürsorge für die Kinder, die wir als Nicht-Christen gezeugt haben; bei Verträgen ist nicht auf einmal die Tinte unter den Verträgen ungültig, unsichtbar, weggewischt, die wir als Nicht-Christen geleistet haben. Und auch nicht unsere Kredite sind auf einmal nichtig oder gar getilgt – weil wir Christen geworden sind.

Ehen sind so wenig nichtig wie Kredite

[139] Dispensiert: losgelöst, befreit.

4. Es kann freilich zu *Konflikten* kommen zwischen unserer neuen Kernloyalität[140] gegenüber Christus (und seinem Wort und Willen) und den Bindungen, die wir vor unserem Christsein eingegangen sind. Auch in diesen *Fällen* – etwa bei Polygamie[141] – hat selbstverständlich der Gehorsam gegenüber Christus Priorität. Ein Christ kann nach Gottes Wille nicht mehrere Frauen haben. Wenn ein Mann sich bekehrt und Christus sein Herr wird, kann er aber nicht einfach nur eine Frau behalten und sich für die Versorgung der anderen nicht mehr zuständig erklären. Seine Verantwortung währt fort. Es bleibt aber eine Herausforderung, wie wir mit den Bindungen und Verpflichtungen umgehen, die wir eingegangen sind und die weiter bestehen.
Bekehrung und Wiedergeburt sind für einen Christen keine Sachverhalte, die als solche einen Konflikt zur Bindung an einen Ehepartner begründen, den wir geheiratet haben, als wir noch keine Christen waren und der sich auch bis dato noch nicht zu Christus bekehrt hat. In 1. Korinther 7 macht Paulus allerdings deutlich, dass umgekehrt ein Nicht-Christ die Trennung und Scheidung verlangen kann und dass wir als Christen in diesem Fall frei („nicht geknechtet") sind, in eine solche Trennung bzw. Scheidung einzuwilligen (1Kor 7,15), ohne dass freilich die Erlaubnis zu einer neuen Bindung ausgesprochen wird.

Im Konflikt der Loyalitäten im Zweifel für Christus

[140] Kernloyalität: Kernbindung gegenüber dem, dem wir vor allem verpflichtet sind.
[141] Polygamie: Vielehe.

e) „Muss der christliche Ehepartner nicht vergeben, wenn der Ehegatte die Ehe gebrochen hat? Und bedeutet das nicht, dass er immer erneut bereit sein muss, solche Ehebrüche, „Seitensprünge“ etc. zu tolerieren?“

Macht die (Bitte um) Vergebung den Seitensprung ungeschehen?

(1) Jesus gebietet uns, 70 mal 7 mal zu vergeben (Mt 18,22). Das ist keine Angabe im Sinne einer mathematischen Formel, meint also nicht „490“ und damit eben doch eine zwar sehr hohe, aber doch begrenzte Zahl von Vergebungsakten. Die Zahlenangaben sind symbolisch gemeint. Sieben und dessen Potenz Siebzig meint die Gott entsprechende Vollkommenheit und Ganzheit. Da, wo Christen aus Gottes nicht begrenzter Vergebung leben, da kennt auch ihre Vergebung untereinander keine Grenze.[142] In der Wahrnehmung der eigenen, so großen Schuld werden wir den Mitchristen nicht bei seiner vergleichsweise immer geringeren Schuld behaften und ihn darauf festlegen. Auch die Ehe als eine der wichtigsten Beziehungen in der Gemeinde Jesu steht unter dem Gebot unbegrenzter Vergebung. Die Ehe lebt von der Bereitschaft, immer neu „von Herzen zu vergeben“ (Mt 18,35).

Ehe lebt von Vergebung

Vergebung kann erwartet werden, Versöhnung im Sinne einer immer erneuten Rückkehr in die Ehe nicht

(2) Zwischen der Zumutung, unbegrenzt zu *vergeben*, und der Zumutung, eine Ehe unbegrenzt *weiterzuführen*, wenn der Partner sie gebrochen hat oder gar immer neu bricht, ist zu unterscheiden. Jesus geht davon aus, dass die Ehe durch *porneia* und *moicheia* zerbrochen werden und definitiv zerstört sein kann (vgl. Mt 19,1–9). Auch Jesus rechnet offenbar damit, dass die Möglichkeit, eine Ehe zu führen, wirklich nicht mehr gegeben sein kann – eben wegen *porneia*. In diesem Falle ist ja die Scheidung selber kein Zerbrechen der Ehe, weil diese ja schon durch das *porneia*-Verhalten des Partners

[142] Vgl. z. B. das Gleichnis vom unbarmherzigen Knecht (Mt 18,22–25, v. a. 18,35).

Partners zerbrochen ist. Eine *Vergebung* kann prinzipiell erwartet werden, eine *Versöhnung* im Sinne einer – womöglich immer erneuten – Rückkehr in die Ehe dagegen nicht.

(3) Es gibt für den Menschen auch nach der Heiligen Schrift ein – menschliches – Maß für den Wiederaufbau und die Wiedererrichtung einer de facto und womöglich über längere Zeit immer neu zerbrochenen Beziehung incl. all der Nähe und Intimität, die nach Gottes Willen Ehe ausmacht und auszeichnet.

(4) Eine Ehefrau muss als Kind Gottes grundsätzlich bereit sein, ihrem Ehemann zu vergeben; aber das bedeutet nicht, dass sie deshalb in jedem Fall und fortgesetzt auch bereit sein muss, in die zerbrochene Ehe zurückzukehren und als Ehefrau in eine neue Beziehung zu diesem Mann zu treten. Ein Ehemann muss als Kind Gottes grundsätzlich bereit sein, der eigenen Ehefrau zu vergeben; aber das bedeutet nicht, dass er deshalb in jedem Fall und fortgesetzt auch bereit sein muss, in die zerbrochene Ehe zurückzukehren und als Ehemann in eine neue Beziehung zu dieser Frau einzutreten.

(5) Für die seelsorgerliche Praxis bedeutet dies:

1. Wir werden von dem durch Ehebruch betroffenen und verletzten Partner grundsätzlich die Bereitschaft zur Vergebung erbitten und alles tun, um ihm – angesichts der elementaren Verletzung, die ihm zugefügt worden ist – dazu zu helfen, in die Ehe zurückzufinden.

   > Alles tun, um dem verletzten Partner die Rückkehr in die Ehe zu ermöglichen

2. Wir werden nicht erwarten können, dass der betroffene Ehepartner in jedem Fall in die zerstörte Ehe zurückkehrt, auch wenn wir als mitverantwortliche Gemeinde alles tun werden, um eine Versöhnung zu erreichen, die der Beziehung eine tragfähige(re) Grundlage für die Zukunft gibt.

   > Alles tun, um Versöhnung zu erreichen

3. Wir werden aber doch mit Nachdruck auf die Unauflösbarkeit der Ehe hinweisen, auf den Schaden verweisen, der den Kindern (und an-

   > Die Unauflösbarkeit der Ehe betonen!

deren) aus dem Zerbruch einer Ehe, die unversöhnt bleibt, erwächst,[143] und wir werden deutlich machen, dass nicht nur die Vergebung, sondern auch die Versöhnung zwischen den (ehemaligen) Ehepartnern die dem Willen Gottes in aller Regel eher entsprechende Wirklichkeit darstellt. Wenn Jesus an den Willen Gottes „im Anfang" (Mt 19, 8) erinnert und seine Nachfolger an diesen bindet, dann ist es das diesem Willen eher entsprechende Verhalten, zu Vergebung und Versöhnung bereit zu sein oder – vermutlich realistischer: – bereit zu *werden*.

Alle möglichen Hilfen anbieten!

4. Wichtig wird sein, dass wir dem subjektiv empfundenen Gefühl unbedingter Zerstörung und nicht mehr möglicher Versöhnung ein Stück weit widerstehen und dass wir seelsorgerliche und therapeutische sowie andere Hilfen anbieten, die zu einer zukunftsträchtigen Veränderung der Grundlage der Beziehung der beiden beitragen. In der Gemeinde Jesu darf entdeckt werden, welche versöhnende Kraft die Vergebung aus sich heraus entlassen kann.
5. Wenn also z. B. eine Frau mit einem Alkoholiker verheiratet ist, der immer wieder rückfällig wird, oder mit einem Mann, der sie immer erneut misshandelt, oder mit einem Ehepartner, der immer wieder „fremdgeht", dann

Ringen um Vergebung und Versöhnung

werden wir als christliche, mitverantwortliche Gemeinde darauf hinzuwirken suchen, dass (a) Vergebung und (b) Versöhnung geschieht und diese Ehe nach

[143] Vgl. neben Hyams: Kinder wollen keine Scheidung, die erschütternde Auswertung einer Langzeitstudie zu Scheidungsfolgen durch: Judith S. Wallenstein/Julia M. Lewis/Sandra Blakeslee: Scheidungsfolgen – die Kinder tragen die Last. Eine Langzeitstudie über 25 Jahre, (New York 2000) Münster 2002.

Möglichkeit erhalten bleibt oder besser immer wieder „restauriert“ wird,
werden wir uns als Gemeinde mitengagieren, dass sich die Verhältnisse ändern und für die gesamte Familie lebbar werden, etwa Therapien veranlassen und die einzelnen Familienglieder zu begleiten und zu stützen suchen,
werden wir die Betroffenen auch darum bitten, wenn es gar nicht mehr anders geht, zunächst nur eine Trennung, nicht aber eine Scheidung anzustreben, um dann nach Möglichkeiten der Erneuerung der Beziehung zu suchen,
werden wir aber auch darum wissen, dass es Beziehungen gibt, die nach menschlichem Ermessen und nach allem, was wir auch als Christen wissen und erwarten dürfen –, zunächst einmal – zerbrochen sind und die Betroffenen nicht in diese zurückzwingen,
werden wir bei allem, was wir tun, das Evangelium als Kraft Gottes (Röm 1,7) als Horizont festhalten für das, was nicht wir, was aber doch der lebendige Gott tun kann.

Die Betroffenen begleiten und unterstützen!

Ausweglose Lagen – zunächst – akzeptieren!

f) „Was für Konsequenzen hat ein Ehebruch bzw. eine Wiederheirat für die haupt- und ehrenamtliche Mitarbeit in einer Gemeinde/Gemeinschaft?“

Kann ein Prediger und eine Gemeinschaftsdiakonin, kann ein Ältester oder ein anderer ehrenamtlicher Mitarbeiter seine Funktion(en) in der Gemeinde weiter wahrnehmen, wenn er/sie geschieden ist und ggf. wieder geheiratet hat oder wenn er/sie die Ehe gebrochen hat? Leider sind dies nicht mehr nur theoretische oder auch nur Randfragen in unseren

Kann ein Mitarbeiter nach einem Ehebruch weiter in der Gemeinde mitwirken?

Gemeinden und Gemeinschaften. Die Antworten fokussieren sich im Wesentlichen auf zwei Gesichtspunkte.

Der Mitarbeiter soll Vorbild sein

(1) Haupt- und ehrenamtliche Mitarbeit in der Gemeinde Jesu hat (a) eine Vorbildfunktion nach innen und (b) eine missionarische Bedeutung nach außen. Der „Gesichtspunkt des werbenden Charakters christlicher Lebensführung“[144] spielt in den Pastoralbriefen eine große Rolle, wenn es um die Besetzung der Gemeindeämter geht (vgl. nur 1Tim 3,1–7, v. a. 3,7; 5,10). Da die Christen, die Gemeinde und ganz speziell ihre Repräsentanten ein „Brief Christi“ sind, „erkannt und gelesen von allen Menschen“ (2Kor 3,2), kommt es gerade darauf an, dass die, die in besonderer Weise für die Gemeinde stehen, Christus, seinem Willen und seinen Verheißungen für unser Leben, in ihrem Leben Gestalt geben, „unbefleckt“ sind (vgl. Jak 1,27) und so auf Christus hinweisen.

Die Leiter der Gemeinde sollen Ehe als Gabe Gottes vorleben

Der 1. Timotheusbrief (3,2.12) und der Titusbrief (1,6) stellen aber auch deshalb besonders hohe Anforderungen an die Bischöfe und Ältesten, sprich hauptamtlich Leitenden und ehrenamtlich tätigen Christen, weil sie in der Gemeinde und für die Gemeindeglieder eine Vorbildfunktion besitzen. „Der Gemeinde soll durch ihre Leiter und Ältesten die Ehe als unauflösliche Stiftung Gottes vorgelebt werden.“[145] Für die haupt- und ehrenamtlichen Mitarbeiter gilt darum: Aufseher wie Diener sollen „Mann einer Frau“ sein (1Tim 3,2.12; Tit 1,6). Die Mehrzahl der neueren Ausleger[146] sieht hier mit sehr

---

144 Roloff, Jürgen: Der erste Brief an Timotheus, Zürich/Neukirchen-Vluyn 1988 (EKK; Bd. XV), S. 154.

145 Joachim Cochlovius: Was Gott zusammengefügt hat, soll der Mensch nicht scheiden. Eine Orientierung für Christen über Ehescheidung und Wiederheirat, Wuppertal 3. Aufl. 2001, S. 43.

146 Vgl. die Diskussion bei Roloff, 1. Timotheus, S. 154–156; George W. Knight III, The Pastoral Epistles. A Commentary on the Greek Text, Grand Rapids, Michigan 1992 S. 157–159.

guten Gründen „das grundsätzliche Verbot jeder Form von Polygamie – nicht nur der sukzessiven[147], durch Ehescheidung und Wiederheirat ermöglichten, sondern auch der gleichzeitig in Form von eheähnlichen Verhältnissen praktizierten.“[148]

„Für den Amtsträger“, bemerkt Roloff mit Recht, wird hier zwar „kein verschärftes Eheethos vorausgesetzt“: Wenn von ihm lediglich erwartet wird, „dass er durch sein Verhalten das für jeden Christen Geltende sichtbar beglaubigt“[149], dann gilt für ihn inhaltlich keine andere ethische Norm als für andere Christen auch, aber es wird eben in besonderer Weise darauf gesehen, dass er dieser Vorgabe auch entspricht. Joachim Cochlovius fasst darum die klassische Position zusammen, wenn er formuliert: „Die Gemeinde ist, wenn sie zu Christus und zum Glaubensgehorsam heranwachsen soll, auf vorbildliche Gemeindeleiter angewiesen.“[150] Deshalb soll die Gemeinde dafür eintreten, dass haupt- und ehrenamtliche Mitarbeiter nach Scheidung, Wiederheirat oder anderen Formen von *moicheia* oder *porneia* keinen gemeindeleitenden Dienst mehr versehen.

Die Gemeinde braucht vorbildliche Gemeindeleiter – auch hinsichtlich der Ehe

(2) So überzeugend diese Überlegungen sind und so sehr sie sich auf eine biblische Grundlage berufen können, so sehr ist umgekehrt – ebenfalls auf biblischer Grundlage – vor einer „pharisäischen“ Haltung zu warnen, die den anderen in seiner Sünde sieht, nicht aber der eigenen Gefährdung und Schuld gewärtig ist. Ohne Sünde in irgendeiner Weise zu *ent*schuldigen oder ethische Kriterien zu verabschieden, ist doch zu fragen:

- Wer von uns ist ohne Sünde? (1Joh 1,8). Wer von uns ohne Sünde ist, der werfe den ersten Stein (vgl. Joh 8, 7)!

Niemand ist ohne Sünde

147 Sukzessive Polygamie: eine Form der Vielehe, in der ein Mann nicht nebeneinander und gleichzeitig, sondern nacheinander verschiedene Frauen hat, etwa dann, wenn er sich scheiden lässt und dann eine neue, andere Frau heiratet.

148 Roloff, ebd., S. 156.

149 Ebd., S. 156.

150 Ebd., S. 44.

Niemand kann für sich und seine Ehe garantieren

- Wer könnte und dürfte für sich und seine Ehe garantieren? Wer kann wissen, ob er (sie) nicht selber einmal untreu werden wird? Wer kann wissen, ob – womöglich ohne eigenes Verschulden – der eigene Ehepartner untreu werden und die Ehe verlassen, schließlich die Scheidung verlangen wird?

Wir sind eine Gemeinschaft von Sündern

Ihre große Sünde und Schuld disqualifizierten Paulus und Petrus nicht für ein Leitungsamt

- Sind wir nicht gerade unter dem Evangelium eine Gemeinschaft von Sündern, „von denen ich der erste bin"? So konnte kein Geringerer als Paulus sagen (1Tim 1,15). Es ist ja auch in unserem Zusammenhang ein überaus bezeichnender und wegweisender Sachverhalt, dass der, der die Gemeinde Gottes und damit den Herrn selbst verfolgt hat (vgl. Apg 7,58; 9,5; Gal 1,13.23; 1Kor 15,9–10), dass der, der sich nun wirklich nicht für Mitarbeit oder gar Leitungsfunktionen qualifiziert hatte, dass genau der zum Apostel berufen wird und von diesen mehr Wirkung und Einfluss erzielt als alle anderen (1Kor 15,10; 2Kor 11,23). Entscheidend für die Frage der Mitarbeit und des Leitungsamtes ist offenbar nicht irgendeine sehr große Sünde (die Verfolgung der Gemeinde durch Paulus, der Verrat des Herrn Jesus durch Petrus; vgl. Joh 18,12–24 o. ä.), sondern (a) die Bereitschaft zur Umkehr, (b) die bemerkenswerte Demut, mit der die Gnade Gottes ihm zur Ehre zur Geltung gebracht und zum Vorzeichen des ganzen Lebens und Wirkens wird (1Kor 15,8–10), sowie (c) schließlich die ungeheure missionarische Außenwirkung, die aus dem Dienst ausgerechnet des Paulus für das Evangelium resultiert (vgl. Apg 9,19–31).
- Bleibt für die Hauptamtlichen nur noch ein Berufs- und entsprechend für die Ehrenamtlichen ein Funktionsverbot? Können wir dann die, die mit ihrer Ehe gescheitert sind, eigentlich nur noch auf die „liberalere Kirche"

verweisen, die es ja – Gott sei Dank für die Betroffenen! – nicht so genau nimmt wie wir, die Frommen?

(3) Wie ist angesichts dieses doppelten Rückbezuges auf die Bibel Stellung zu nehmen?

Vergebung als Kennzeichen der Gemeinschaft der Kinder Gottes

1. Gerade vom Neuen Testament her: dem Kommen Jesu zu den Sündern (Mt 9,13; Lk 13,10; 1Tim 1,15), ist klar: Ein moralischer Zeigefinger verbietet sich von selbst. Er ist auch nicht das Ziel der genannten Weisungen der Pastoralbriefe. Wir leben alle von der ständigen Vergebung Gottes und – wenn es gut geht – aus ihr. Dieses Schöpfen aus der Vergebung ist das eigentliche praktische Kennzeichen des Lebens der Kinder Gottes.

Die Ehre Gottes – das entscheidende Ziel für alles Handeln

2. So sehr, wie dem, der mit seiner Ehe gescheitert ist, der Zuspruch der Vergebung gilt – ihm, wie jedem anderen auch –, so sehr gilt umgekehrt, dass Christen zur Ehre Gottes leben sollen und dass sie dieser unerlösten Welt als Licht gesetzt sind (vgl. Mt 5,14; Phil 2,15). Diese Ehre Gottes ist das entscheidende handlungsleitende Ziel in der Gemeinde Jesu (vgl. Gal 1,23; 1Kor 15,9–10).
3. Geboten ist für die Praxis nicht ein *moralischer Rigorismus*[151], sondern eine aus dem Evangelium schöpfende, *lebensnahe, realitätsgerechte Einstellung,* wie wir sie in den Weisheitsbüchern des Alten Testamentes und auch in den paränetischen[152] Kapiteln der neutestamentlichen Briefe finden. So sehr nur Sünder zum Reich Gottes gehören, so wenig Sünde als solche vom Reich Gottes disqualifiziert, zumal dann, wenn sie bekannt und benannt ist, so sehr gehören bestimmte Eigenschaften und Lebensumstände für Füh-

[151] Rigorismus: starres und strenges Festhalten an (moralischen) Grundsätzen.
[152] Paränetisch: ermahnend, ethische Weisung gebend.

rungsämter in der Gemeinde dazu, weil diese eben „Leuchtturmfunktion" besitzen, und so sehr disqualifizieren eben solche fehlenden Qualifikationen für diese Aufgaben.

(4) Für die Praxis bedeutet das – und wir unterscheiden hier nicht zwischen haupt- und ehrenamtlichen Mitarbeitern:

Nötig ist Buße

1. Wir erwarten selbstverständlich *metanoia*: Buße, Umkehr in Wort und Tat von den Betroffenen. Dazu gehört sicherlich auch die – seelsorgerlich zu vermittelnde – Einsicht, dass es bei einer zerbrochenen Ehe wohl Hauptschuldige geben kann, aber niemanden, der ohne Schuld ist.

Zerbruch der Ehe zieht die sofortige Dispensierung vom Dienst nach sich

2. Eine zerbrechende Beziehung oder gar schon der Zerbruch einer Ehe zieht selbstverständlich die sofortige Dispensierung[153] und ein Aussetzen des Dienstes mindestens für eine bestimmte Zeit nach sich. Anders werden wir den Vorgaben hinsichtlich der Vorbildfunktion von Leitungsämtern nicht entsprechen können.
   „Man darf … erwarten, dass der Verkündiger seinen Dienst von sich aus zur Verfügung stellt oder wenigstens um eine Beurlaubung bittet. … Nicht nur eine Zeit der Aufarbeitung und Neuorientierung ist nötig, der Dienst selbst ist durch das Geschehen tief getroffen. Sünden im Bereich von Geschlechtlichkeit und Ehe betreffen mehr das innerste Wesen des Menschen als andere Sünden und haben stärkere Wirkungen nach außen; es entsteht eine Stelle, an der Unbefangenheit in der Verkündigung nicht mehr gegeben ist, Vertrauen ging verloren … die Vorbildhaftigkeit im bisherigen Dienstbereich ist stark

[153] Dispensierung: Befreiung/Auflösung von Dienstpflichten und Verpflichtungen.

eingeschränkt. Gleiches gilt analog für Personen in anderen Gemeinde leitenden Diensten."[154]

3. Es gibt ein Fehlverhalten, das auf unabsehbare Zeit für jede verantwortliche Mitarbeit in der Gemeinde disqualifiziert. „Aber nicht jede Scheidung und Wiederheirat macht prinzipiell und überall dienstunfähig hinsichtlich der öffentlichen Verkündigung des Evangeliums" in seinen verschiedenen Formen und Funktionen[155]. Leitungen einer Gemeinde wie vor allem des Gemeinschaftsverbandes müssen prüfen, ob und wenn ja, wie nach einer Zeit der Umkehr, Einkehr und Bewährung ein hauptamtlicher Mitarbeiter ggf. an anderer Stelle eingesetzt werden kann. Geboten scheint in jedem Fall (1) eine Versetzung an eine andere Stelle, und (2) ein offener Umgang mit dem Vorgang, der Schuld nicht verschweigt.

> Nicht jede Scheidung und Wiederheirat macht auf Dauer unfähig zu öffentlicher Wortverkündigung und anderer Mitarbeit

4. Die Art und Weise, wie die Leitung einer Gemeinde und eines Gemeinschaftsverbandes mit einem Bruder oder einer Schwester umgehen, die in der genannten Weise gesündigt haben bzw. gescheitert sind, wird selber Signalbedeutung und Signalwirkung haben. Hier zeigt sich ja, was wir unter Evangelium, Leben aus dem Evangelium und der umgestaltenden Kraft des Evangeliums verstehen. Dabei gilt es, die Festlegung auf falsche Alternativen zu vermeiden und dem biblischen Zeugnis und seiner Praxisnähe zu folgen: eine sehr vordergründige Menschenfreundlichkeit, die nur den betroffenen Hauptamtlichen sieht und vor allem daran orientiert ist, wie er

> Der Umgang mit den Gescheiterten hat selbst Signalbedeutung

> Evangelisch ist
> - weder eine vordergründige Menschenfreundlichkeit/ Laxheit,

[154] Helmuth Egelkraut, Ehe – Ehescheidung – Wiederheirat. Eine ethisch-seelsorgerliche Handreichung, Weissach i.T. 2001.

[155] Landesverband Landeskirchlicher Gemeinschaften Sachsen e.V. und Sächsischer Jugendverband Entschieden für Christus, Zur Orientierung, (o. J.), S. 13.

- noch ein knallhartes Brandmarken des in Sünde Gefallenen

denn wieder eine ihm entsprechende Stelle bekommen kann, hilft genauso wenig weiter wie ein moralischer Rigorismus, der den Betroffenen als Sünder brandmarkt und um der Reinheit der Gemeinde willen nun für „klare Verhältnisse" sorgen will, indem er am Haupt- (oder Ehren-)amtlichen ein Exempel statuiert.

Eine Egalisierung[156] der Sünde des Betroffenen im Sinne einer Einebnung („Wir sind doch alle Sünder"), die vom Zerbruch der Ehe im Grunde kein Aufhebens machen will, hilft ebenso wenig weiter wie der weder biblische noch reformatorische Versuch, die ideale, fromme Gemeinde zu realisieren.

Entscheidend, aus dem Evangelium heraus zu handeln:
- die Möglichkeit zum Neuanfang bieten
- die Vorbildfunktion des Leiters nicht beschädigen

5. Eine aus dem Evangelium schöpfende und zugleich lebensnahe, realitätsgerechte Haltung zeigt sich dann daran, dass man dem Betroffenen – bestimmte Umstände vorausgesetzt – die Möglichkeit zu einem Neuanfang bietet und gleichzeitig darauf achtet, dass die Vorbildfunktion eines Leiters dadurch nicht beschädigt wird.
6. Eine aus dem Evangelium schöpfende, lebensnahe und realitätsgerechte Einstellung wird damit rechnen, dass die Autorität eines haupt- oder ehrenamtlichen Leiters dort auf Dauer und mehr oder weniger irreparabel beschädigt ist, wo er selber versagt hat.

   Es besteht die Gefahr, dass der bzw. die Betroffene versuchen werden, ihr Verhalten (Scheidung, Wiederheirat) zu rechtfertigen, ggf. widersprechende biblische Vorgaben zu verschweigen oder auch nur zu relativieren. Es ist darum sicherzustellen, dass er der Verlegenheit und ggf. Not oder auch Gefahr enthoben ist, autoritativ zu Fragen zu sprechen, in denen er selber durch sein Leben Antwor-

Eigenes Scheitern und Schuldig-Werden kann den Dienst beeinträchtigen

[156] Egalisierung: Einordnung als Einebnung.

ten gegeben hat, die sich nicht bewährt haben. Sofern sich nicht die Betroffenen selber sensibel Zurückhaltung bei den Themen Ehe, Partnerschaft und Sexualität auferlegen, wird man sie um solche ersuchen müssen.
Umgekehrt gilt aber auch: Wenn er oder sie ehrlich und glaubwürdig Schuld und Irrtum bekannt haben, wenn der eigene Weg in das Zerbrechen geführt hat, wenn die Trennung, die Scheidung und ggf. Wiederheirat als Schuld eingesehen worden ist, gerade dann kann auf der Basis dieses Schuldeingeständnisses ihr Zeugnis für den biblischen Weg zum Leben besonders glaubwürdig und überzeugend sein.

> Buße:
> Einsicht und Umkehr können zu einem besonders glaubwürdigen Zeugnis führen

(4) In summa: Wir raten:

1. Haupt- und Ehrenamtliche sollten auf jeden Fall ihre Ämter niederlegen. Tun sie dies nicht von sich aus, hat ihnen dies die Gemeindeleitung bzw. hilfsweise die Verbandsleitung nahe zu legen.
2. Wenn die Betroffenen öffentlich und erkennbar (d. h. an ihrem Leben ablesbar) Schuld bekannt und Buße getan haben, kann die Gemeindeleitung – ggf. nach Rücksprache mit der Verbandsleitung – sie wieder zur Mitverantwortung berufen. Bei Hauptamtlichen ist in jedem Fall eine Versetzung angebracht.
3. Wichtig ist in jedem Fall, dass die Gemeinde bzw. Gemeindeleitung (Leitung des Gemeinschaftsverbandes) die erneute Berufung ausspricht und die Übernahme von Verantwortung nicht „aus eigener Macht“ und nach eigenem Gutdünken geschieht.
4. Wo Gemeindeglieder/Mitarbeiter gegen den ausdrücklichen Rat der Gemeinde (Gemeinde- bzw. Gemeinschafts- oder Verbandsleitung) auf Scheidung und Wiederheirat zuge-

> Was zu tun ist:
> - Die Ämter niederlegen
> - In jedem Fall: Versetzung
> - Nach Buße Rückruf in die Mitverantwortung möglich

hen, wird dies auch für ihre Mitarbeit Konsequenzen haben müssen.

5. Die im Neuen Testament angestrebte Vorbildfunktion und die für sie notwendige Eindeutigkeit im Leben der Ältesten wird nicht dort erreicht, wo Gemeinde sündlose Älteste hat, sondern wo diese Vergebung begehren und Umkehr praktizieren, wenn sie schuldig geworden sind. Der Herr selber kann sie dann – wie schon Petrus und Paulus – (neu) in seinen Dienst rufen und diesen beglaubigen.

Entscheidend: Die das Leben umgestaltende Kraft des Evangeliums muss erkennbar werden

6. Entscheidend wird sein, (a) die Unbeflecktheit nicht moralisch im Tun des Menschen, sondern im Vergeben Christi begründet zu wissen und (b) die (erneute) Autorisierung zum Dienst nicht moralisch in einem *Laisser-faire*[157] des Nicht-so-genau-Nehmens zu sehen, sondern in der gestaltenden Kraft, die das Evangelium im Leben des Betroffenen ganz offenbar entfaltet hat.

g) „Bin ich verpflichtet, an einer Ehe festzuhalten, die mich nicht mehr erfüllt?"

Ehe funktioniert nicht nach dem Lustprinzip

(1) Selbstverständlich Ja! Genau dazu habe ich mich im Eheversprechen verpflichtet. Eine Ehe kann nur funktionieren, wenn ich bereit bin, die Partnerschaft auch dann durchzutragen, wenn diese sich in einer Krise befindet. Tragende Beziehungen funktionieren nur, wenn sie nicht dem Lustprinzip unterworfen sind. Eine Verpflichtung, die ich eingehe, zeichnet sich gerade dadurch aus, dass ich sie auch dann durchhalte und zu ihr stehe, wenn ich im Moment oder auch für eine gewisse Zeit den Vorteil für mich nicht sehe. Der Vorteil einer gegenseitigen Ehe-

[157] Laisser-faire, franz.: Lass es geschehen! Nimm es nicht ganz so genau!

verpflichtung besteht ja gerade darin, dass diese Verpflichtung wechselseitig besteht und eben auch mir die Sicherheit gibt, dass der Partner ggf. auch *zu mir hält* –, eben auch dann, wenn ihn unsere Beziehung nicht erfüllt.

(2) Selbstverständlich Nein! Nichts hindert mich daran, meine Ehe so umzugestalten, dass sie mir und dem Ehepartner wieder Erfüllung gibt. Mit Gottes Hilfe kann (fast) immer ein Weg gefunden werden, der hilft, den Segen zu entdecken, den Gott für zwei Menschen bereithält, die mit seiner Hilfe und unter seiner Verheißung seinen Willen tun wollen.

Notwendig und hilfreich:
Den Segen neu entdecken, den Gott für die Beziehung zweier Menschen bereithält

h) „Wann beginnt bzw. besteht eine Ehe? Wann hat Gott denn etwas zusammengefügt, das der Mensch nicht scheiden darf?"

Immer wieder stößt man auf die folgenden Fragen und Überlegungen: Ab wann muss ich bei einem Partner bleiben, mit dem ich geschlafen habe? Und wann kann man denn davon ausgehen, dass Gott tatsächlich ein Paar „zusammengefügt" hat, dieses sich also nicht scheiden darf? Gibt es nicht ganz unglaubliche Fälle (den Verkehr mit einer Prostituierten; einen unüberlegten, situativen Beischlaf; den nicht geplanten „Seitensprung" etc.), in denen ein Behaften der beiden Beteiligten an ihrem ein Fleisch-Werden äußerst unglücklich und auch nicht realisierbar erscheint?

Wann hat Gott ein Paar tatsächlich zusammengefügt?

(1) Nach Markus 10,7–8 bekräftigt Jesus im Anschluss an das zentrale Wort der Tora 1. Mose 2,24 überaus deutlich, dass das – geschlechtliche – Ein-Fleisch-Sein aus zwei Personen eine Person macht: „Darum wird ein Mensch seinen Vater und seine Mutter verlassen und seiner Frau anhängen. Und die zwei werden *ein* Fleisch sein; daher sind sie nicht mehr zwei, sondern *ein* Fleisch." Damit ist klar:

Von zentraler Bedeutung: Die geschlechtliche Vereinigung

„Die Einung der Geschlechter bedeutet Ein-Mensch-Werden.“[158] Die körperlich-geschlechtliche Vereinigung ist für die biblische Anthropologie mit ihrer Leibfreundlichkeit und Lebensbezogenheit das entscheidende, fundamentale Datum für Ehe. Dass das so ist, ist eine Stiftung Gottes. Gerade die körperliche Vereinigung stiftet nach dem Willen des Schöpfers eine Einheit zweier Menschen, die (a) nicht überbietbar, (b) nur zum Schaden der beiden Beteiligten zu zerbrechen ist, darum (c) grundsätzlich besser nicht wieder „geschieden“ werden sollte –, eben weil dies gegen den Willen Gottes, seine Stiftung wäre und eben weil dies beide elementar zerstören und treffen würde.

Geschlechtliche Vereinigung kann auch gegen den Willen Gottes, kann *porneia* sein

(2) So klar das ist, so klar gilt: Der junge Mann, der seinen ersten Geschlechtsverkehr mit einer Frau gehabt hat, die ihren Körper professionell verkauft, kann nicht verpflichtet werden, diese Frau zu heiraten. Die Verbindung mit der Prostituierten entspricht gerade nicht dem Willen Gottes, der einen Mann mit einer Frau zu einer Einheit verbinden möchte, sondern pervertiert diesen.[159] Die betreffende Frau lebt in einer – ggf. aus Not geborenen, aber nichts desto trotz bestehenden – dauernden Unzucht, und der junge Mann nimmt durch seine körperliche Vereinigung mit ihr Teil an dieser Unzucht und setzt sie fort. Seine Verbindung mit ihr ist porneia, und also gegen den Willen Gottes, und also nicht, ja alles andere als verpflichtend.

Dass das sexuell-körperliche „Ein-Fleisch-Sein“ nicht als solches und in jedem Fall Ehe bedeutet, sagt Jesus selbst. „Du hast recht gesagt ‚Ich habe keinen Mann‘“, sagt er zu der Frau am Jakobsbrunnen (Joh 4,17f.), „denn fünf Männer hast du gehabt,

---

[158] Julius Schniewind, Markus, S. 135.

[159] In der Logik des „Ein-Fleisch-Werdens“ gedacht: die Prostituierte ist ja seit langem bereits „verheiratet“, hat viele Männer gehabt und der, den sie jetzt hat, der ist auch nicht ihr (Ehe-)Mann.

und der, den du jetzt hast [!], der ist nicht [!] dein Mann."[160]

Entsprechendes gilt für den Einbruch in eine bestehende Ehe. Die körperliche Vereinigung mit dem verheirateten Ehepartner ist praktizierte Polygamie bzw. Polyandrie[161], ohne dass die beiden „ein Fleisch" werden können, eben weil mindestens einer der beiden Partner diese nicht auflösbare Bindung bereits eingegangen ist. Das „Ein-Fleisch-Sein" (d. h. verheiratet sein) durch „Ein-Fleisch-Werden" (d. h. körperliche Vereinigung) gelingt eben nur dort, wo nicht schon einer der beiden Partner bereits „ein Fleisch ist" mit einem anderen Menschen.

Die Bibel qualifiziert die genannten Verhaltensweisen als *porneia*, Unzucht, d. h. als Sünde, von der sich die Betroffenen distanzieren müssen und – unter der Vergebung – können.

(3) Verlobte, die sexuell miteinander verkehrt haben, haben die Ehe faktisch begonnen, sie sind aber noch nicht verheiratet. Sie sind darum gehalten, ihr Verhältnis als Ehe legalisieren zu lassen (s. o. unter b). Eine Ehe zwischen zwei Menschen ist nicht nur ein – privates – Verhältnis zwischen zwei Individuen, sondern eine Beziehung, die vor Gott und inmitten einer Gemeinschaft von Menschen gelebt wird, die von ihr betroffen sind, sie respektieren und sogar schützen sollen.

Verlobte, die sexuell miteinander verkehren, sollten umgehend heiraten

(4) Wenn die beiden Verlobten sich nach der – ggf. mehrfach vollzogenen – geschlechtlichen Vereinigung nicht mehr sicher sind, ob sie wirklich heiraten wollen, dann ist genau diese Unsicherheit

[160] Entsprechend ist auch in 1. Korinther 6, 16 („wer der Hure anhängt, ist ein Leib mit ihr") zwischen „Ein-Fleisch-Sein" als körperlich-sexueller Ausdruck größter denkbarer Nähe und als Begriff für die Ehe zu unterscheiden. Ein-Fleisch-Sein gehört exklusiv in die Ehe. Da, wo es außerhalb der Ehe geschieht, da sollte es – wann immer verantwortbar und möglich – zur Ehe führen; da begründet es aber noch nicht eo ipso (als solches; aus sich selbst heraus) schon Ehe.

[161] Polyandrie: Vielmännerei. Eine Frau hat viele/mehrere Männer. Gegenstück zur Polygamie.

Gericht über ihre Unverbindlichkeit. Nicht ohne Grund sieht das Gottesgesetz des Alten Testamentes für diesen Fall die Verbindlichkeit der Beziehung, die die beiden eingegangen sind, als so gravierend an, dass die beiden mit großer Selbstverständlichkeit angehalten werden, nun auch förmlich zu heiraten.

Natürlich können die beiden nicht einfach in eine Beziehung gezwungen werden, die von vornherein zum Scheitern verurteilt ist. Andererseits ist eine – ggf. mehrfach und über einen längeren Zeitraum vollzogene auch sexuelle Gemeinschaft keine zu vernachlässigende Kleinigkeit, sondern ein zwei Menschen tief verbindendes Geschehen. Es sollte – entgegen einem das gesellschaftliche Bewusstsein weithin bestimmenden Trend – in unseren Gemeinden und Gemeinschaften deutlich gemacht werden, dass eine solche Gemeinschaft Fakten setzt, die eigentlich in die Begründung einer ehelichen Gemeinschaft einmünden. In eine geschlechtliche Gemeinschaft kann ich mich genauso wenig aus freien Stücken hineinbegeben, wie ich mich aus freien Stücken aus ihr zurückziehen kann. Sie begründet Verbindlichkeit.

Sollten gravierende seelsorgerliche Gründe, die allein ein Dritter, nicht das betroffene Paar, feststellen kann, gegen eine Eheschließung sprechen, muss klar sein, dass das Auseinandergehen der beiden dokumentiert, dass ihr Verhalten *porneia*, Unzucht darstellt.

Handeln aus dem Geist des Evangeliums:
- Aufdecken der Schuld
- Hilfestellung und Begleitung mit dem Ziel gelingenden Lebens

Ein aus dem Evangelium schöpfende und gleichzeitig lebensnahe Seelsorge wird aber nicht bei der Aufdeckung der Schuld stehen bleiben. Wenn diese eingesehen und bekannt ist, darf die Gemeinde eine Hilfestellung und Begleitung der beiden anbieten, die ihnen entweder zusammen oder je für sich einen Weg in eine erfüllte Beziehung ebnet.

Schlusswort

Wir sind einen weiten Weg gegangen: Am Anfang stand das breite biblische Zeugnis zum Thema Ehe. Die – gar nicht vollständige – Zahl der Belege zeigt, wie wichtig dem Gott, der durch die Bibel spricht, das Zusammenleben von Mann und Frau ist.

Der Wille Gottes für Mann und Frau ist eindeutig. Er ist nicht tötendes Gesetz, das uns unterdrückt, sondern Verheißung, die uns in die Freiheit und zur Erfüllung führt. Deshalb haben wir von Anfang an betont, wie wichtig es ist, auf Gottes Wort zu hören, es stehen zu lassen, es gelten zu lassen –, auch da, wo wir geneigt sind zu sagen: *unmöglich*, oder: *zu steil*, oder: *nicht zumutbar*. Die Distanz, ja der Konflikt zwischen dem Willen des Schöpfers für Mann und Frau und dem, was wir nach dem Sündenfall leben und erleben, ist ja nur zu deutlich. Aber je größer unsere Not ist, die ja auch in mangelndem Hören begründet ist, umso wichtiger wird ein neues Hören, ein neues Setzen auf die Lebensmöglichkeiten, die Gott uns erschließen will. Voraussetzung ist, dass wir Ernst machen mit seinen Verheißungen und uns von Jesus zu diesem Willen Gottes am Anfang zurückrufen lassen. Dieser Wille ist der Wille des Schöpfers und Erhalters aller Menschen. Insofern kommt dieser Besinnung, ja jeder Rückbesinnung auf den Willen Gottes eine enorme soziale, ja gesellschaftsdiakonische Bedeutung zu. Wir sind davon überzeugt, dass Geschichte und Gegenwart der Menschheitskulturen demonstriert, welche Bedeutung dem Schutz und der Bewahrung der sakral, öffentlich, rechtlich oder wie auch immer legitimierten Verbindung eines Mannes und einer Frau für die Gesamtgemeinschaft hat. Gott will, dass wir leben. Es geht uns gut, oder besser: es geht uns in dieser Welt nach dem Sündenfall und unter der Herrschaft der Sünde besser, wenn wir uns an die hilfreichen Weisungen des Schöpfers halten.

Die biblisch-theologische Reflexion (Teil A) hat dann die große Einheitlichkeit der biblischen Aussagen deutlich gemacht. Das Neue Testament baut auf dem Alten auf. Jesus ruft zurück unter den anfänglichen Schöpferwillen Gottes; Paulus (und das übrige Neue Testament) beziehen sich auf die Heilige Schrift, wie Jesus sie uns ausgelegt hat. Die Kernaussage ist unbestreitbar: Die Ehe ist unauflösbar. Eine Scheidung ist gegen den Willen Gottes, entsprechend auch eine Wiederheirat. Schon Mose (vgl. die Regelung eines Scheidebriefes), noch mehr aber Jesus (vgl. die so genannten Unzuchtsklauseln) und auch Paulus (vgl. die Regeln für die Ehe mit einem Nichtchristen) wissen aber davon, dass dieser gute Wille Gottes nach dem Sündenfall und unter der Herrschaft der Sünde nicht 1:1 durchzusetzen ist, dass selbst wiedergeborene Glieder der Gemeinde Sünder bleiben.

Damit ist im Alten und Neuen Testament bereits grundgelegt, was wir in Teil B gründlich bedenken mussten: Wie ist dieser Graben zwischen dem guten Willen Gottes und unseren schlechten Lebensverhältnissen zu überwinden? Es galt einen Weg zu finden jenseits zweier nahe liegender Extreme, die – so unterschiedlich sie sind – beide doch zum selben Ergebnis führen: Sie hebeln die Autorität der Bibel aus: *Extrem 1* formuliert die biblische Ethik so steil, so abstrakt, so lebensfern, dass sie auf unsere verbogenen und komplexen, zu Differenzierungen nötigenden Verhältnisse gar nicht mehr oder kaum noch angewandt werden kann. Das Ergebnis: die Bibel wird im Endeffekt bedeutungslos. Sie hat uns mit unseren Problemlagen ja eben nichts zu sagen. – *Extrem 2* entmächtigt das biblische Wort so lange, bis es nahtlos zu unserer Position passt. Es gibt verschiedene Strategien, wie das geschehen kann: z. B. ist die Bibel überholt; oder sie will uns anthropologisch gar nichts sagen; oder sie hält die Möglichkeit von Wiederheirat und Scheidung offen; oder: das, was sie lehrt, kann seelsorgerlich nicht verbindlich sein. Das Ergebnis ist dasselbe wie bei Extrem 1: im Grunde brauchen wir uns mit der Bibel nicht zu beschäftigen, weil sie *uns* nichts zu sagen hat. Und das gilt dann in einem doppelten Sinne: Sie ist nicht von Bedeutung für uns, und sie soll uns letztlich auch nichts sagen.

Heraus kommen wir aber aus unserer Ehe-Misere nur, so hatten wir ja festgestellt, wenn wir neu bereit werden, auf die Bibel zu hören. Und das nötigt uns dann zu Brückenschlägen, die freilich nur gelingen können, wenn beide Brückenköpfe fest stehen: das Profil des biblischen Zeugnisses über Ehe, Scheidung und Wiederheirat auf der einen Seite und die sensible Wahrnehmung unserer Ehenot und der Herausforderungen des Zusammenlebens von Mann und Frau auf der anderen Seite. Und so haben wir drei Brückenschläge gewagt, die alle drei das Evangelium, wie es von Jesus offenbart und verbindlich gemacht worden ist, nicht verleugnen, aber gleichzeitig immer tiefer in die menschliche Not hineinführen und sich damit – um im Bild zu bleiben – auch weiter von dem Ausgangspunkt: dem Brückenkopf Bibel entfernen. Das Wort Gottes kann und soll, so unsere Überzeugung und unser Wille, auch dann noch Bedeutung haben, wenn es nicht 1:1 umgesetzt werden kann:

Wenn schon *Trennung* unumgänglich geworden ist – und wer wollte bestreiten, dass es solche Fälle gibt –, was lassen sich vom Evangelium her dann noch für Gesichtspunkte zur Steuerung eines solchen Prozesses gewinnen?

Wenn schon *Scheidung* unumgänglich geworden ist – und wer wollte bestreiten, dass es solche Fälle gibt –, was lassen sich vom Evangelium her dann noch für Gesichtspunkte zur Steuerung eines solchen Prozesses gewinnen?

Wenn schon *Wiederheirat* unumgänglich geworden ist – und wer wollte bestreiten, dass es selbst solche Fälle gibt –, was lassen sich vom Evangelium her für Gesichtspunkte zur Steuerung eines solchen Prozesses gewinnen?

Trennung, Scheidung und Wiederheirat sind eindeutig gegen den Willen Gottes. Dennoch können sie in bestimmten Fällen das so genannte „kleinere Übel" sein. Wir haben nicht nur einmal betont, dass auch das so genannte „kleinere Übel" ein Übel ist, ja Sünde ist – glasklar gegen den Willen Gottes, des Schöpfers. Dennoch gilt es, gemeinsam bestimmte Wege zu wagen, verantwortet zu wagen, wenn wir Menschen nicht alleine und sich selbst überlassen wollen. Dabei handelt es sich – um weiter im Bild zu bleiben – um einen Balance-, ja oft um einen Drahtseilakt. Ob dieser gelingt, darüber entscheidet nicht dieses Positionspapier, dem alle Schwächen menschlicher Hervorbringung anhaften –, sondern unser gemeinsamer Wille, uns dem Willen Gottes wieder neu – und immer neu – zu stellen.

In Teil C haben wir schließlich versucht, auf der Basis der gewonnenen biblisch-theologischen und ethischen Einsichten Hilfestellungen für einige Situationen und Herausforderungen zu formulieren, die in der Praxis unserer Gemeinden und Gemeinschaften häufiger begegnen. Auch hier betonen wir gerne und ausdrücklich: Auch dieses unser Erkennen ist Stückwerk –, auch diese gemeinsame, intensive und doch schon ziemlich differenzierte Erkenntnisbemühung. Wenn wir über der Diskussion dieser Darstellung nur in ein neues gemeinsames, nach Möglichkeit anhaltendes Hören auf die Heilige Schrift hineinkommen, ist schon mehr erreicht, als die Verantwortlichen für diese Schrift erwarten können.

Literaturhinweise

Es handelt sich nur um eine – kleine – Auswahl aus der umfangreichen Literatur zum Thema. Genannt werden vor allem die in diesem Buch zitierten Bücher, Artikel und Aufsätze.

Bachmann, Philipp, Der erste Brief des Paulus an die Korinther, 2. Aufl. KNT, Bd. VII, hg. von Th. Zahn, Leipzig 1910

Baltensweiler, Heinrich: Die Ehe im Neuen Testament, AThANT Bd. 52, Zürich 1967

Barth, Karl: Kirchliche Dogmatik. Dritter Band. Die Lehre von der Schöpfung, Erster Teil, [III,1], Zürich 2. Aufl. 1947

ders.: Kirchliche Dogmatik III,4, Zürich 1951

Bott, Eugénie: Und immer sind sie hungrig nach Liebe. Wie verkraften Kinder die Trennung ihrer Eltern?, in: Die Zeit 51 (2002), 19. Dezember 2002

Bräumer, Hansjörg: Das erste Buch Mose, 1. Teil Kapitel 1–11, Wuppertal 1983 (Wuppertaler Studienbibel)

Bräumer, Rosemarie und Hanjörg: Scheidung und Wiederheirat. Eine biblisch-seelsorgerliche Studie, Stuttgart-Neuhausen 1990

Bratsiotis, Nikolaos P.: Art. *basar*, in: Theologisches Wörterbuch zum Alten Testament, hg. von G. Johannes Botterweck (...), Bd. I, Stuttgart (u. a.) 1973

Braun, Reiner: Brauchen wir ein Scheidungsritual?, in: ThBeitr 32 (2001)

Burkhardt, Helmut: Ehe und Ehescheidung in christlicher Sicht, in: ThBeitr 26 (1995)

Carson, Donald A.: Matthew, Grand Rapids [USA] 1984, S. 418 [The Expositer's Bible Commentary, Vol. VIII

Cochlovius, Joachim: Was Gott zusammengefügt hat, soll der Mensch nicht scheiden. Eine Orientierung für Christen über Ehescheidung und Wiederheirat, Wuppertal 3. Aufl. 2001

Cochlovius, Franz Delitzsch,: Neuer Kommentar über die Genesis, mit einem Geleitwort von Siegfried Wagner, ND der 5. Aufl. von 1887, Gießen/Basel 1999

Egelkraut, Helmuth: Ehe – Ehescheidung – Wiederverheiratung. Eine ethisch-seelsorgerliche Handreichung, Weissach im Tal 2000

Espey, Karl-Heinz: Wenn Christen in der Ehe scheitern, Kassel 2002

Gerlemann, G.: Art. *basar*, in: Ernst Jenni/Claus Westermann: Theologisches Handwörterbuch zum Alten Testament, Bd. 1 München – Zürich 2. Aufl. 1975

Gesenius, Wilhelm: Art. *basar*, in: Hebräisches und Aramäisches Handwörterbuch über das Alte Testament, Berlin/Göttingen/Heidelberg 17. Aufl. 1915

Gnilka, Joachim: Das Matthäusevangelium, Teil I und II, Freiburg/Basel/Wien 1986 und 1988 (HThKNT; I/1–2)

Haacker, Klaus: Ehe und Ehescheidung – Konflikte und Krisen in der Bibel, in: Das Wort, das in Erstaunen setzt, verpflichtet. Dankesgabe für Jürgen Fangmeier, hg. von Dieter Jeschke (...), Wuppertal/Zürich 1994

ders.: Ehescheidung und Wiederverheiratung im Neuen Testament, ThQ 1971

Hauck, Friedrich/Schulz, Siegfried: Art. *pornee* etc., in: ThWNT Bd. VI, hg. von Gerhard Friedrich (ND der Ausgabe von 1933–1979), Stuttgart/Berlin/Köln 1990

Hattenhauer, Hans: Die Privatisierung der Ehe, Wuppertal/Vellmar/Kassel 1986

Hempelmann, Heinzpeter: Liebt Gott Schwule und Lesben? Zur Diskussion über Bibel und Homosexualität, Wuppertal/Bad Liebenzell, 2001

Hugenberger, Gordon P.: Marriage as a Covenant. Biblical Law and Ethics as developed from Malachi, Leiden (Brill), Veteris Testamenti Suppl., The Netherlands 1994 (Grand Rapids, Michigan 1998)

Hyams, Helge-Ulrike: Kinder wollen keine Scheidung. Kinder fordern uns heraus, Stuttgart 2002

Jenni, Ernst: Art. *dabak/dbq* in: Ernst Jenni/Claus Westermann: Theologisches Handwörterbuch zum Alten Testament, Bd. 1 München – Zürich 2. Aufl. 1975

Klaiber, Walter: Wann beginnt die Ehe und was begründet sie? Materialien zu einer aktuellen Frage aus der Bibel und ihrer Umwelt, in: ThBeitr Jg. 12 (1981)

Knight, George W. III, The Pastoral Epistles. A Commentary on the Greek Text, Grand Rapids, Michigan 1992

Koehler, Ludwig: Art. *basar*, in: Ludwig Koehler/Walter Baumgartner: Lexicon in Veteris Testamenti Libros, Leiden NL 1985

Landesverband Landeskirchlicher Gemeinschaften Sachsen e.V. und Sächsischer Jugendverband Entschieden für Christus, Zur Orientierung, (ohne Jahresangabe)

Lindner, Helgo: Spricht Genesis 2,24 von der Ehe? in: ThBeitr 19 (1988)

ders.: Soll die Kirche Geschiedene trauen? in: ThBeitr 19 (1988)

Luhmann, N.: Liebe als Passion. Zur Codierung von Intimität, Frankfurt 4. Aufl. 1984

Luz, Ulrich: Das Evangelium nach Matthäus, Zürich/Düsseldorf/Neukirchen-Vluyn 1997

Maier, Gerhard: Matthäusevangelium, Teil 1 und 2, Neuhausen-Stuttgart 1996 (Edition C; Bibelkommentar; Bde. 1 u. 2)

Ratschow, Carl Heinz: Ehe/Eherecht/Ehescheidung, I. Religionsgeschichtlich, in: TRE IX

ders.: Art. Ehe, religionsgeschichtlich, in: RGG 3. Aufl. Bd. 2

Reicke, Bo: Art.: Ehe/Eherecht/Ehescheidung, IV. Neues Testament, in: TRE IX

Reißer, Horst/Günther, Walter: Art. moicheuo, in: ThBLNT Bd. 1, Neubearbeitete Ausgabe 1997

Rienecker, Fritz: Das Evangelium des Matthäus, Wuppertal/Zürich 1983 (Wuppertaler Studienbibel; 1)

Ringeling, Hermann: Art.: Ehe/Eherecht/Ehescheidung, VIII. Ethisch, in: TRE IX

Roloff, Jürgen: Der erste Brief an Timotheus, Zürich/Neukirchen-Vluyn 1988 (EKK; Bd. XV)

Schild, Maurice E.: Art.: Ehe/Eherecht/Ehescheidung, VII Reformationszeit, in: TRE IX

Schlatter, Adolf: Das Evangelium des Matthäus, Erläuterungen zum Neuen Testament; Bd. 1, Stuttgart 1965

ders.: Die Korintherbriefe, Stuttgart 1965 (Erläuterungen zum Neuen Testament Bd. 6)

Schniewind, Julius: Das Evangelium nach Matthäus, Göttingen 12. Aufl. 1968 (NTD 2)

Schrage, Wolfgang: Der erste Brief an die Korinther, Teilband 2. 1. Korinther 6,12–11,16, Solothurn/Düsseldorf/Neukirchen-Vluyn, 1995 (EKK VII, 2)

Stein, Albert: Art.: Ehe/Eherecht/Ehescheidung, IX. Praktisch-theologisch, in: TRE IX

Stein, Robert H.: Art. Divorce, in: Dictionary of Jesus and the Gospels, edited by Joel B. Green/Scott McKnight, Illinois (USA)/ Leicester (GB) 4. ed. 1996

Strack, Hermann L./Billerbeck, Paul: Kommentar zum Neuen Testament aus Talmud und Midrasch, Erster Band. Das Evangelium nach Matthäus, München 1926

Wallerstein, Judith S./Lewis, Julia M./Blakeslee, Sandra: Scheidungsfolgen – Die Kinder tragen die Last, Münster 2002

Wallis, Gerhard: Art. *dabaq*, in: Theologisches Wörterbuch zum Alten Testament, hg.. von G. Johannes Botterweck (...), Bd. II, Stuttgart (u. a.) 1977

Westermann, Claus: Genesis. Bd. I: Genesis 1–11 [BK I/1], Teil 1: Gen 1–3, Neukirchen-Vluyn 4. Aufl. 1999

Wolff, Hans Walter: Anthropologie des Alten Testaments, München 1973

Zahn, Theodor: Das Evangelium des Matthäus. Kommentar zum Neuen Testament, Bd. I, 3. Aufl. Leipzig 1919